国家社会科学基金一般项目
“社区社会组织公共服务供给的质量测评研究”（18BZZ101）研究成果

社区社会组织公共服务供给质量测评研究

兰旭凌◎著

四川大学出版社
SICHUAN UNIVERSITY PRESS

图书在版编目（CIP）数据

社区社会组织公共服务供给质量测评研究 / 兰旭凌著. — 成都 : 四川大学出版社, 2023.12
ISBN 978-7-5690-6561-9

Ⅰ. ①社… Ⅱ. ①兰… Ⅲ. ①社区管理－社会组织管理－研究－中国②社区－公共服务－研究－中国 Ⅳ. ①D669.3

中国国家版本馆 CIP 数据核字 (2023) 第 256672 号

书　　名：社区社会组织公共服务供给质量测评研究
　　　　　Shequ Shehui Zuzhi Gonggong Fuwu Gongji Zhiliang Ceping Yanjiu
著　　者：兰旭凌

选题策划：敬铃凌
责任编辑：敬铃凌　刘　畅
责任校对：余　芳
装帧设计：墨创文化
责任印制：王　炜

出版发行：四川大学出版社有限责任公司
　　　　　地址：成都市一环路南一段 24 号（610065）
　　　　　电话：（028）85408311（发行部）、85400276（总编室）
　　　　　电子邮箱：scupress@vip.163.com
　　　　　网址：https://press.scu.edu.cn
印前制作：四川胜翔数码印务设计有限公司
印刷装订：四川煤田地质制图印务有限责任公司

成品尺寸：170mm×240mm
印　　张：13.5
字　　数：233 千字

版　　次：2023 年 12 月 第 1 版
印　　次：2023 年 12 月 第 1 次印刷
定　　价：68.00 元

扫码获取数字资源

四川大学出版社
微信公众号

前　言

“社区”是城市建设与发展的基本单元，是城市居民获取公共服务、提升获得感与幸福感的基本场域。在现代治理理念的驱动下，社会组织在社区层面不断成长发展起来，并参与公共服务供给，改变了原有单一的“政府－居民”公共服务供给链条，形成多重“委托－代理”公共服务供给系统结构。社区社会组织公共服务供给庞大而复杂，深刻影响着政府的社会形象和社区居民对美好生活的向往，亟待对它做出标准化、规范化的质量管理。本书以“社区社会组织公共服务供给质量测评”为研究主题，从学术意义上看，采用中国基层治理研究的崭新视角，整合并阐释政治学、公共管理学和工商管理学等学科领域的经典理论，并综合运用数理统计等实证研究方法，推动社区社会组织公共服务供给质量测评的系统化和精益化。从实践意义上看，本书积极回应社会转型背景下社区公共服务供给不平衡不充分的问题，立足于服务新时代高质量发展、促进“共同富裕”的时代命题，以社区社会组织公共服务供给质量为“切口”，促进公平价值观在社区治理层面落地落实，采用标准化、科学性的方法来评估社区社会组织提供的公共服务是否优质，以社区社会组织公共服务供给的高质量推进社会发展的高质量。本书坚持以习近平新时代中国特色社会主义思想为指导，从概念与内涵上进行研究切入，系统界定“公共服务”“社区公共服务”“社区社会组织”“质量测评”等基本概念。在文献梳理分析的基础上，对“社区社会组织公共服务供给质量测评”的内涵特质作了四个方面的阐释：“以公共问题为内核，对公共价值进行深度聚焦”，“以现代治理为主线，对社会生活进行关照回应”，“以公共服务为目的，对新兴组织进行功能解构”，“以科学管理为手段，对精细化质量测评进行方法嵌入”。宏观上描绘了社区社会组织公共服务供给质量测评研究的基本对象、基本方向、基本内容、基本设计。本书立足“中国场景”，突出“理论自信”，唱响“中国话语”，凝练出五个方面的价值指引：突出人民主体性，解决群众最关心最直接最现实的利益问题；突出价值兼容性，实现公平、秩序、活力、兜底等多元价值统筹兼顾；突出组织贡献性，让桥梁、调和、示范、控本作用在社区充分体现；突出服务品质性，对社区居民高品质生活形成有力支撑力；突出交易廉洁性，作用于政治生态和社会风气持续向好。

本书着眼于研究内容的学科交叉性，吸纳融合政治学的协同治理理论、公共管理学的新公共服务理论、工商管理学的全面质量管理理论，为研究的系统推进提供了清晰的理论指引，奠定了扎实的理论支撑。在概念界定、内涵阐释、价值指引和理论支撑的基础上，本书开展测评体系构建，运用数理统计分析方法，对社区社会组织公共服务供给质量测评体系进行了科学性、系统性的构建。根据社区社会组织公共服务供给质量的特性，本书进行测量的数据来源有多个维度，包括与政府质量测评相关的社区社会组织公共服务的“设计质量”与“关系质量”两个维度，以及与社区居民质量测评相关的社区社会组织公共服务的“过程质量”与“结果质量”的两个维度。针对两类来源四个维度的质量综合评价，本书主要采用层次分析法进行权重计算，并采用模糊综合评价法和加权平均法对社区社会组织公共服务质量进行综合评价。在实证数据的获取上，本书基于全国范围代表性，分别从东部地区、中部地区、北部地区以及西部地区，选取了深圳市、苏州市、合肥市、长春市和成都市 5 个具有经济与社区建设代表性的城市，并从每个城市抽取 35 个社区，作为研究的样本框。通过数据统计分析本书发现，在政府评价社区社会组织公共服务质量维度中，设计质量维度得分为 80.31，关系质量平均得分为 80.42，社区干部对社区社会组织在设计公共服务供给流程、发展政府与社区社会组织关系的满意度较为平均；在社区居民对社区社会组织公共服务质量评价维度中，过程质量得分为 79.42，结果质量得分为 82.11，居民对社区社会组织提供公共服务的结果方面较为满意，而对提供公共服务的人性化流程服务方面较不满意，社区社会组织“为人民服务”的意识有待加强。社区社会组织公共服务质量差异因素分析发现，社区社会组织公共服务供给质量在不同社区存在差异，这些差异一般与社区社会组织的成熟度与购买公共服务的合同金额相关。社区社会组织组织越成熟，购买公共服务合同金额越高，越难获得居民较高的质量评价，原因可能在于社区社会组织的“小微性”特征，社区居民更需要灵活且精准对接的社区社会组织提供的公共服务。政府增加购买合同资金支出，难以直接提高社区社会组织公共服务供给质量，而更恰当的路径是直接对社区社会组织进行赋能，提高社区社会组织本身的能力，突出社区社会组织灵活的“小微性”特征。

本书基于实证研究发现，以质量测评为立足点，围绕提升社区社会组织公共服务的供给质量，提出三个方面的对策建议：一是加强党的领导，深化组织培养，打造质量品牌，实现社区社会组织公共服务质量测评维度统筹兼顾；二是干预心理预期，灵活运用时间要素，凝聚社区群体忠诚度，以点带面提升社区社会组织公共服务质量测评水平；三是强化服务韧性，加强组织管理，紧跟技术变革，加强对社区社会组织公共服务质量测评的结果运用。本书的创新之处在于以下三个方面。第一，多学科集成的研究范式创新。综合运用政治学、公共管理学、工商管理学、社会学等各学科的知识，研究社区社会组织公共服务供给的质量测评这一复杂问题，并运用“多流互动”与“多化协同”研究范式对社区社会组织公共服务供给的质量进行分析。第二，多层面的相关学术观点创新。主张社区社会组织公共服务供给的质量研究要从“绩效范式”转向“质量范式”，提出社区社会组织公共服务供给质量测评的指标体系构建要基于“设计质量、关系质量、过程质量、结果质量”四个维度，提出在“需求输入、过程控制、结果验证、动态调适”四个方面应用质量测评结果的观点。第三，多维度的指标体系构建。既保证效率性，又保证平衡性；既保证普遍性，又保证动态性；既保证价值性，又保证工具性。

目 录

1 绪 论

1.1 研究背景与研究意义

“社区”的概念为社会学家滕尼斯首创，被认为是人群血缘、地缘和宗教共同体的基本形式。当“社区”的概念被费孝通引入国内学术圈后被赋予了更多“地域”的内涵，被理解为若干社会群体和社会组织聚集在一定地域里，形成生活上相互关联的大集体。社会组织是社区建设与发展的天然组成部分。在现代治理理念和服务型政府建设实践的双重作用下，社区社会组织以其公益性、独立性、灵活性、草根性在公共服务供给中发挥着不可替代的优势作用。但同时，社区社会组织在公共服务供给中表现出来的资源依赖性、领域狭隘性、管理粗放性、服务随意性、人才匮乏性等特点，让质量测评与改进成为时代的呼声和基层民众的诉求。党的十九大明确提出，要努力实现更高质量的发展。发展的高质量离不开公共服务供给的高质量，作为社会体系的神经末梢和毛细血管，社区层面在协同供给公共服务的过程中，如何呈现出高质量的公共服务尤为重要。加强和改进社区社会组织公共服务供给的质量测评具有显著的基础性价值和战略性意义。开展全面、系统、科学、合理的社区社会组织公共服务供给质量测评，并积极利用测评结果，在学术研究和实践运用方面都十分必要。

1.1.1 研究背景

1.1.1.1 社区社会组织的功能作用日益受到重视

中华人民共和国成立以后，在新民主主义向社会主义过渡阶段，社会组织的改造与建设经历了“破”与“立”的过程，在“革命”逻辑的主导下，社会组织被推翻重建，形成服务于社会主义建设的“人民团体”。改革开放以后，社会组织实现由纯粹政治性组织向大众性组织转型，成为服务社会公益、促进人民精神生活的平台，并逐步成为基层治理的重要组成部分。21 世纪以来，社会组织特别是社区社会组织的建设与发展更加受到重视，在经济社会建设的宏观蓝图和政策制度的指引下，其地位、功能与作用得到持续凸显。例如，国发〔2006〕14 号文指出：“培育社区服务民间组织，组织开展社区志愿服务活动。”国办发〔2011〕61 号文指出：“培育发展社区社会组织，指导和协调社区社会组织开展服务项目。”民发〔2015〕89 号文指出：“构建社会组织评估机制，以完善社会组织综合监管体系。”党的十九大报告明确指出：“发挥社会组织作用，实现政府治理和社会调节、居民自治良性互动。”社区社会组织已经成为社会治理的重要参与者，其建设与发展得到学术界和地方政府的高度重视。

社区社会组织日益成为实现政治参与的重要平台。当社区民众从“单位制”社会结构中脱离出来时，他们对政治参与的需求需要通过新的组织形式来得到满足。在地方党委和基层政府主导下建设的社区社会组织日益成为落实政治理念的重要载体。一方面，在“党建引领社区发展”的理念下，党员被鼓励成为发展社区社会组织的重要力量，由优秀党员担任社区社会组织的负责人，在组织孵化与政策扶持上得到地方党政机关的有力指导和支持。另一方面，社区社会组织中的优秀人才，特别是业务骨干通过基层党支部被吸纳到党组织中来。这种双向举措让社区社会组织正逐步成为宣传党的主张、贯彻党的决定、参与基层治理、服务改革发展的坚强阵地。

社区社会组织日益成为培育社会资本的重要基石。为应对现代社区“陌生人社会”的显著特征，社区社会组织在构建社区居民关系网络、信任网络、交际网络等方面发挥着重要作用。社会资本被普遍认为是维护现代社区稳定与和谐的重要基础，社会资本越厚实，社会稳定性和和谐度就会越高。在社区层面培育社会资本，社区社会组织正在发挥着不可替代的作用。以社区社会组织为平台，社区居民在相互接触交往、利益权衡、关系博弈、合作互利的过程中，逐步搭建起稳定可信赖的网络关系，促进“陌生人社会”向全新构建的“熟人社会”演进，为营造良好的社区文化氛围、传递公共价值精神提供持续性的养分。

社区社会组织日益成为公共服务供给的重要主体。公共教育、社会保障、医疗卫生、就业促进是地方党政应尽的公共服务责任，具有一般公共产品的普适性特征。但是在社区层面，政策宣传、文体活动、养老护理、幼儿看护、社区矫正等个性化服务更能影响居民满意度。社区社会组织在提供差异化、个性化社区公共服务方面发挥着独特优势。数量庞大、结构简单、组织灵活、扎根基层的各类社区社会组织能够更好地满足社区居民需求，也能够开展更加细致入微的公共服务供需对接工作。社区社会组织成为社区公共服务的供给主体，把基层政府从烦琐、庞杂的服务项目中解放出来，为协作共治提供着越来越多的实践支撑。

1.1.1.2 社区公共服务供给问题在风险社会愈发突出

同饥饿灾荒、自然灾害、武装冲突等传统危机截然不同，新型危机正在对人类社会造成巨大冲击，对世界政治、经济、社会、生态、技术等产生了重大影响，而且这些影响将不断显现出来。诸如逆全球化、财富分配不公、全球治理失灵等已经成为重大研究课题。具体到社区公共服务供给领域，其供给链的韧性正在成为研究的重点之一。在新型风险来临的非常态社会环境下，社区公共服务的正常供给面临着现实挑战。更重要的是，缺乏韧性的社区公共服务增加了社区居民的不确定感，对社区居民可能存在的恐惧、无助、愤怒心理产生着推波助澜作用。

风险社会学家认为现代化风险如同“回旋镖”一般无差异地影响着所有人群。而事实上，贫富悬殊在风险社会中被放大了。比如，在突发公共卫生事件期间，中产阶级可以通过远程办公完成工作事务，并在家陪伴孩子完成远程教育，而垃圾清运、医疗护理、安保服务等一线人员却必须更加频繁地置身于公共卫生危机之中，无法陪伴家人，甚至可能带来更高的传染风险。同时，突发公共卫生事件让民众开始反思劳动内在价值与财富分配之间是否存在脱节，劳动价值与经济回报的关联性已经引起了社会民众的深刻思考。社区社会组织在有力领导、合理分工、精准掌握需求、有效满足需求的基础上，能够缓解新型危机放大的不公，并减轻社会情绪波动带来的动荡。通过提供有针对性的、更具韧性的社区公共服务，社区社会组织能够为社区稳定带来更多的人性关怀，并让社区居民对未来生活抱有确定性和安全感。

有学者提出，面临风险社会，更应当在医疗、教育、公共住房等社会建设领域发力。这凸显出公共服务在帮助国家应对风险、实现可持续发展方面的重要作用。具有韧性的社区公共服务让构建稳定的社会契约成为可能。社区公共服务需要致力于对社区弱势群体的保护，提供有针对性的社会救助、社会保险、医疗卫生等均等化基础服务，更好地发挥社会“兜底”作用。这也是社会治理制度优势的现实表现所在。社区社会组织对社区居民情况更为了解，对社区人文生态的感情更为深厚，对社区公共服务的供给方式也可以更加灵活体贴。也正是因为具备了本地化、人本化、个性化、均等化等特征，由社区社会组织提供的更有韧性的公共服务，将会成为现代国家立足风险社会的有力支撑。

1.1.1.3 社区社会组织质量测评成为现代质量管理研究的重要分支

质量管理是当代公共管理学的一个重要研究途径，而公共服务质量管理则构成了当代公共管理学的一个重要分支学科或主题领域。随着 20 世纪 90 年代新公共管理潮流席卷全球，基于顾客导向和效率优先的企业管理工具在公共管理领域得到广泛推广与应用。发端于工业产品生产的质量管理理念与工具在公共产品改进方面的应用得到进一步探索。社区公共服务直接面向广大社区民众，如何以更有效率的供给方式让政府从单一供给导致的财政掣肘中解放出来，并不断提升民众满意度，是公共服务质量管理研究的核心课题。由此而来，质量规划、质量控制、质量评价、质量对标、质量改进等在社区公共服务研究领域持续深化。其中，质量测评发挥着关键性作用，不仅仅是质量评价的重要组成，而且在整个质量管理链条中起着承上启下的作用。

为应对公共服务供给中存在的“政府失灵”问题，公私协作模式得到推广应用，社区社会组织成为社区公共服务供给的重要主体。从原有的单一供给模式看，政府和社区民众构成单一的“委托-代理”关系，地方政府向社区民众提供公共服务、履行政治承诺，社区民众接受地方政府提供的公共服务，这凸显了地方政府的合法性。当社区社会组织嵌入供需结构中，就形成了双重的“委托-代理”关系，社区民众对地方政府的部分政治委托由公共服务合同转移给了社区社会组织，社区社会组织从工作层面代理着地方政府的部分公共服务责任，实质上是在代理社区民众的公共服务需求。保证双重“委托-代理”

关系不脱节，实现供需双方的高效对接，是质量测评需要承担的重要责任。质量测评为社区社会组织开展公共服务供给设定了基本框架，为如何供给社区民众满意的公共服务提供了基本指导。同时，质量测评为社区社会组织供给的公共服务提供了可视化的评价界面，为准确找到问题短板和改进方向提供了标准答案。

随着对公共服务质量测评研究的深入，基于态度调研的主观评价法和基于运筹计量的客观评价法都成了主流方法。但从过往的研究看，集中在中观公共服务领域的多，对社区层面的研究偏少，集中在养老、文体等单一公共服务项目的多，对社区公共服务差异化的研究偏少，对政府供给公共服务的研究多，对社区社会组织供给公共服务的研究偏少，对单一评价方法的运用多，对集成测评方法的运用偏少。因此，尽管对公共服务的质量测评已经成为现代质量管理研究的重要分支，但是对社区公共服务的相关研究缺乏足够的针对性，对社区社会组织公共服务供给的质量测评的研究更是一个未填补的空白。加强对社区社会组织公共服务供给的质量测评的研究，能够使公共服务质量管理研究更加微观和细化，能够填补质量管理的研究空白。当然，在前期研究的基础上，对社区社会组织公共服务供给的质量测评的研究，已经具备了比较丰富的理论积淀和方法积累，让本书研究的开展具备了扎实的学术基础。

1.1.2 研究意义

1.1.2.1 理论意义

社区社会组织公共服务供给质量测评研究作为政治学、公共管理学的崭新话题，对它进行研究有独特的学术价值，需要融合治理理论、组织理论、质量管理理论等多学科理论进行。本书的研究涉及公共服务、社区社会组织、质量测评等学术研究的交叉领域，又极大拓展了相关领域研究空间。多样的主客观评价工具已经在公共服务领域得到利用，但是单一的评价工具显然无法满足多样的内涵属性。本书的研究集成多样测评方法，能够增强科学性，为同类型测评研究提供技术模式。本书为新时代中国特色社会主义研究提供了一个结合点，并提出了一套方法模式，成为根植于中国社区场域的治理“话语权”的集中展示。

一是拓展了中国基层治理研究的崭新视角。政治学、经济学、社会学对社区的研究由来已久，侧重点不同，研究范式也大不相同。当社区社会组织作为一种新兴组织登上研究舞台的时候，亟须多学科融合以共同发力。社区社会组织的重要作用在于为社区居民提供有针对性、人本化、差异化的末端公共服务，而这些公共服务是否能达成政治使命、居民诉求、流程效率、公平分配等多元价值的有机统一，就需要运用现代管理技术进行测评，并将测评结果用于质量改进。社区社会组织公共服务供给质量测评研究在学术脉络上有历史的承接，在理论视野上紧跟前沿，在研究方法上进行集成与整合，为中国基层治理研究提供了新的切入点。

二是回答了"管理"与"治理"的兼容性问题。"管理"被普遍认为是对有限资源进行有效整合，以达到动态创造的过程。而"治理"则蕴含着多元协同的共治意蕴，是在共商共建共享中达成目标的结构性态势。有学者认为"治理"是对"管理"的超越，也有学者认为"治理"和"管理"是世界思潮的一次巨大更迭。不可否认，学术研究中的"管理"路径有系统的技术工具作为支撑，"治理"路径在面对相互依存、瞬息万变、错综复杂的世界时能呈现出非凡的智慧。社区社会组织公共服务供给质量测评研究把社区社会组织作为行为主体，是对治理思潮的有力回应和对治理理论的深刻践行；把质量测评作为研究的具体内容，把科学管理工具应用于解决治理中的具体问题，实现了"管理"与"治理"的双向融合、互促共进。

三是破解了社会科学研究精细化的理论难题。离开了数字，难以评价科学研究是否科学。但是社会系统的庞大性、内在要素的相互作用性、变动的即时性、潜在变量的不可知性，让精细化的研究面临现实困难。社区社会组织公共服务供给质量测评研究摆脱了政治学、公共管理学研究中传统的宏大叙事方式，对研究主题、研究主体、研究内容进行有效聚焦和严格控制，有效减少了外来变量的干扰，让精细化研究成为可能，为政治学、公共管理学研究提供了思路启示。在研究实施中，本书综合运筹学、统计学、传播学等技术方法，形成相互支撑、反复印证、闭环促进的"工具集"，在理论定向的基础上实施精细化测评，确保了严谨的逻辑论证和科学的研究成果。

1.1.2.2 现实意义

在现实应用层面，本书通过聚焦社会热点问题、防范社会风险、促进社会稳定、提升社会发展的质量、推动社会发展，展现了其实际应用价值。社区既是民众生产生活的基本单元，也是国家实施社会治理的基础单位。在社区层面研究新型组织的作用，聚焦于公共服务供给这个关键点，测评公共服务质量水平，并建立完善一整套质量治理的框架、路径、方法、技术，不仅可以对当代中国推进共建共享共治进行合理导向，同时还可以为多主体参与高质量公共服务供给提供科学测评工具，实现公共价值与管理效率的有效平衡，对从社区层面上保证“两个大局”转型期社会公平公正、促进“四个全面”战略布局具有现实意义。

一是有利于推动社区社会治理实践创新。公共服务在传统公共行政视野中被认为是政府的专有职责。当面对社会转型、财政乏力、需求分化等现实考验时，公私合作成为公共服务供给的重要选项。私营部门和非营利部门都可以参与公共服务供给链中。为应对“市场失灵”和“政府失灵”双重挑战，社区社会组织开展基层公共服务供给有利于推动价值与效率的统一。但信任不能代替监督，对社区社会组织提供的公共服务质量进行精准测评并实施“硬约束”，是保证社区社会组织有效履职的有力抓手，更是保证社区开展高质量的协同共治的重要推手。

二是有利于提升社区公共服务质量水平。社区公共服务绝不是政治官僚经验主义的试验田，而应当着重实现其微观层面的质量标准化。而标准化离不开精准的测量和评价，需要以系统的指标体系、科学的权重赋值、全面的计量计算、统筹的测评结论为依托，才能保证社区公共服务全面达标并不断改进。对社区社会组织公共服务供给进行质量测评研究，是推进公共服务质量标准化的一个有效切入点，通过系统测评体系的构建，能够促进整个公共服务走向高质量。同时，本书把科学测评工具与公共服务现实问题结合起来，有效关照社区公共服务个性化和差异化的问题，在统分结合中搭建起具有可操作性的质量测评“模板”。

三是有利于满足人民对美好生活需求的向往。随着社会主要矛盾的变化，社区公共服务供给尤需解决不平衡不充分的问题。从平衡性的角度讲，不能仅满足于“大而统一”的公共服务，而应当关照到社区居民，特别是困难民众、特殊人群和边缘人群的个性化需求。从充分性的角度讲，不能仅满足公共服务“有没有”，而应当致力于解决公共服务“好不好”的问题。这两个方面都需要科学的质量测评作为保障。对社区社会组织公共服务供给开展质量测评研究，有利于促进公平价值观在社区治理层面落地落实，有利于标准化、权威性地回答公共服务“好不好”，以社区社会组织公共服务供给的高质量促进社会发展的高质量。

1.2 国内外文献综述

1.2.1 研究现状

社区社会组织的出现是广大人民社会实践活动积累的成果，虽然直到20世纪30年代，“社区”一词才被费孝通等学者从美国引进中国学界，但社区社会组织早在中国历史长河中的不同阶段以各异的形态存在。近年来，在中国社区建设兴起和社区治理创新的背景下，对社区社会组织的认知度和应用性渐渐扩大，社区社会组织更是社会治理中占有举足轻重地位的主体。社区最为重要的功能之一即向居民提供公共服务，随着人民生活水平的提高，人们对公共服务质量的重视程度也与日俱增。

目前，国内学界围绕社区社会组织的概念、作用和现状，以及公共服务质量的维度和测评等进行了探讨，这些讨论为本书研究提供了支持。本书将从关于社区社会组织的研究、关于公共服务质量的研究以及关于社区社会组织公共服务供给的研究三个方面对目前相关的研究现状进行梳理。

1.2.1.1 关于社区社会组织的研究

围绕社区社会组织展开讨论，首先需要进行概念界定，明确其内涵和外延；其次需要阐述社区社会组织的功能作用，明确其重要地位；最后分析社区社会组织的发展现状，紧跟其发展态势。

（1）概念界定。国外的社区社会组织受到社区自治的影响较大，依托着独立性自主性较强的发展平台，通常在社区范围活动，受到政府的管制和约束比较少。在国内，社区的功能作用在逐渐增强，在社区建设的过程中创造了许多成绩，社区社会组织同样也渐渐成长起来，逐步发展成社区群众自发建立、主动参加、自主运行的新型组织。目前国内学者主要从构成要素、特殊性质以及类别划分三个角度出发，对社区社会组织的概念进行界定。

①构成要素角度。部分学者从构成要素的角度对“社区社会组织”提出了定义的界定方式，指出了社区社会组织的地域范围、参与人员以及服务对象，明确了社区社会组织在社区这一生活共同体中的地位和作用。陈洪涛、王名（2009）提出，社区社会组织是一种由社区组织或个体单独或共同创办、以社区为活动范围、以满足居民多样化需要为功能的自发性社会组织。

②特殊性质角度。萨拉蒙曾提出判断社会组织的五项标准：民间性、志愿性、独立性、组织性与非营利性。社区社会组织作为社会组织的重要组成部分，具备社会组织的一般性特征。尹广文（2016）结合我国当前社区具体治理实践与我国社区长期存在的地方政府行政化主导倾向现象，认为社区社会组织是具有“官民二重性”的社会组织；李培志（2019）提出社区社会组织是具有一定草根性和亲民性的社会组织。

③类别划分角度。在不同的类别划分标准下会产生不同类型的社区社会组织，相对应的是对于社区社会组织定义的不同理解。夏建中、张菊枝（2014）基于社区社会组织的归属范畴，将社区社会组织分为由政府直接或间接领导负责、因政府目标而建立的组织，普通居民自发成立的文体类组织，民办非企业组织；许亚敏（2020）认为社区社会组织是指在城乡社区范围内活动，具有多样化的管理、服务和社区营造功能，有助于增强社区自治共治能力的社会组织。社区社会组织既包括城乡居民发起的基于自治、兴趣和自我服务等需要的组织，也包括嵌入社区参与治理、提供服务和开展活动的“外来”社会组织。

（2）功能作用。学者们基于马克思主义理论，将国家与基层社会之间的二分法进一步修改完善，将国家这一单一维度细化成为政府和市场两个维度，由此提出了政府、市场与基层社会之间的新型三分法。政府既要进行内部管理，又要调节市场，同时还要在基层社会发挥管理与服务职能，在整个国家发展运作过程中难免出现政府失灵与市场失灵的情况，为了保持治理功能的持续运转，需要其他主体参与治理，起到补充和保障的作用。社区社会组织作为与公民直接接触与互动的平台，具有非政府和非营利性的特性，既区别于政府与市场，又能够发挥政府和市场的部分功能作用，在弥补服务空白和维持稳定方面扮演着重要角色。此外，社区社会组织并非静态，而是在国家的支持下快速发展，这意味着其功能作用也是在持续动态变化的。随着社区社会组织的发展、壮大和成熟，愈发专业化、规范化、制度化、结构化和常态化，未来的社区社会组织将会发挥更为广泛、更为重要的作用，体现多样化和现代化特征。根据大量文献的阅读分析，目前社区社会组织的功能主要体现在弥补短板、提供服务、维持稳定与整合资源四个方面。

①弥补短板功能。社会主义现代化建设下的城市社区社会组织在丰富居民生活、传承优秀思想传统中发挥着重要作用。部分学者认为面对“政府失败”“市场失灵”“契约失灵”三重困境，社区社会组织是提供公共服务供给的另一种有效途径。政府虽然是公共服务的主要提供者，但是依然有部分领域的公共服务是政府无法提供、不宜提供或者提供不好的，萨拉蒙的第三政府理论也指出，社区社会组织与政府可以形成良好的互补关系（Alamon L M，1981）。由此，政府通过购买服务和转移职能的两种手段让社区社会组织承担起提供公共服务的责任和职能，社区社会组织具有多样化、灵活性高等特点，可以发挥弥补政府欠缺领域短板的作用。

郑恒峰（2014）指出，地方政府传统的一元化供给方式与社区居民现实的多样化需求这一矛盾，倒逼着政府进行制度创新，向社区社会组织购买服务的方式可以更好地满足社区居民的需求。与此同时，类型多样的社区社会组织满足了多样化的居民需求，在为社区居民提供教育、文娱活动、法律援助等服务中扮演着重要的角色（马力、曹锦清，2017；吴素雄、陈字等，2015）。社区社会组织以更加人性化、有针对性、多样化的服务，避免了部分群体获得过剩的服务，而有的群体却得不到服务的尴尬处境，是对政府提供公共服务短板的有效补位。

②提供服务功能。社区社会组织所具备的非营利性、自愿性和专业性等特质决定了它作为公共服务供给方的合理性。首先，社区社会组织并非隶属于政府，而是有独立性的民间组织，因此能免于科层制弊端的桎梏与影响，所提供的服务种类更多样化，更具弹性与灵活性（刘春湘、邱松伟等，2011）。其次，社区社会组织在特定公共服务的领域上具有专业性，这意味着更高的质量和更

稳定的供给。最后，社区社会组织开展活动的范围就在社区，与居民可以近距离接触，这种独到的优势为社区社会组织调查了解居民的服务需求以及服务反馈评价提供了极大的便利，社区社会组织既能有的放矢、有针对性地为居民提供服务，也能快速了解居民对于服务的满意程度，以完善细化工作，进而提供更高质量的公共服务。

③维持稳定功能。当前中国正处于社会转型期，社会结构日益分化，社区治理愈发复杂化，社区社会组织因其自身的独特性，在预防化解社区矛盾、进行源头治理、建设平安社区等方面发挥着重要的作用。周爱萍（2014）认为社区社会组织可以收集汇合居民个体零散的利益诉求，通过平衡机制将这些诉求合理化，再将诉求向上传递。社区社会组织为社区居民反映自身利益诉求提供了合理化、组织化的渠道，发挥了“安全阀”的重要作用，这是社区社会组织存在的最大价值。许亚敏（2020）指出，社区社会组织具有重要的管理功能，在处理邻里、物业、部分信访等方面的纠葛纠纷上发挥了积极作用。这些纠纷倘若未能及时得到妥当的解决，小冲突就可能演化为大矛盾，不利于维持社区的良好秩序及和谐环境，因此社区社会组织在维持稳定方面扮演着不可或缺的角色。

④整合资源功能。社区社会组织在参与社区治理的过程中，能够通过与政府建立合作网络，与居民搭建互动网络，逐渐积聚社区信任，整合政府、居委会、街道办事处等主体提供的行政资源，调动内部与外部力量，最终聚合为社会资本（赵罗英、夏建中，2014）。刘春湘、邱松伟等（2011）也指出，社区社会组织的资源整合作用体现在存量和增量两个方面。在存量上，社区社会组织通过利用其特色的资源配置机制，集中收集社区零散资源，化为提供公共服务的力量，避免了散乱分布资源的闲置与浪费，实现现有资源的最大化开发；在增量上，社区社会组织发挥了社会网络的作用，吸引和网罗社区之外包括公司、基金会等在内的社会资源，形成资源增量，实现资源“开源”。

（3）发展现状。从整体情况来看，目前我国社区社会组织的发展尚处于初步兴起的阶段。近年来，在社区治理逐步由“硬件”（即基础设施建设）转向“软件”（即制度建设）的过程中，重视对社区社会组织的培育和促进其发展成为政府和社会各界的普遍共识。

①组织规模。国外社区社会组织的出现最早起源于 18 世纪各种形式的慈

善组织，后通过西方的“社区睦邻运动”、“社区发展计划”、新公共管理运动等逐渐发展壮大。我国的社区社会组织发展起步相对较晚，其产生源于社区基层管理体制改革，随后在中国社会的转型和政府简政放权的背景下，得到进一步的重视。

近年来，社区社会组织的规模快速扩张。许亚敏（2020）指出，截至2014年年底，在城市社区内的社区社会组织平均数量为4.8个，在农村社区内的平均数量为0.6个。截至2017年年底，在城市社区内的社区社会组织平均数量为5.6个，在农村社区内的平均数量为1.6个。这意味着社区社会组织数量日渐增多。

②治理模式。传统的社区社会组织在自上而下的党政管理之下受到的束缚较多，对政府的依赖性较强，管理模式呈现明显的行政化色彩。我国社区社会组织的成立建设主要依托政府的主导牵引作用和社区的平台支持作用，当前大量的社区社会组织的成立者是政府和社区的工作人员，未来规模的扩大还需要动员更多党组织成员、街道负责人、社区居民以及公益人士等主体参与社区社会组织的建设，实现具有强普遍性的“群众路线”。我国社区社会组织经费的主要来源是政府财政，分为直接和间接两种支持方式，即直接拨款和以购买服务的形式间接资助。在这种模式下，社区社会组织的自主性、独立性较差，职能边界不清晰，这些缺陷阻碍了社区社会组织提供高质量的公共服务。

在新形势下，社区社会组织的管理模式需要进行转型与创新。林兵、陈伟（2014）提出，“吸纳嵌入”是社区社会组织管理模式的新路径。其中“吸纳”的策略表现为建立枢纽型社区社会组织，发挥资源整合和组织化的作用，挖掘社会组织与外部环境的交流途径；“嵌入”则指向一种制度化的影响，通过政策、制度等方式间接性管理社区社会组织。这种“嵌入”模式与传统模式相比，影响作用的方式由直接转向间接，削弱了政府对社区社会组织的过度管制与干预，更有利于激发社区社会组织成长动力，增强其独立自主性。

在社会组织与其他主体的关系方面，社区社会组织同样以不同角色形成了多种治理模式。高红、杨秀勇（2018）提出，社会组织融入社区治理的过程中存在三种模式：一是以社会组织为载体的“三社联动”模式，即社会组织、社区与社会工作三者有机结合，联动发挥职能；二是以社会组织为纽带的“协同治理”模式，即社会组织在社区公共服务的供给上对政府的工作进行补充；三是以社会组织为主体的“多元共治”模式，公共服务供给主体的多元化是大势所趋，党组织、政府、社会组织、居委会、街道办等主体都需要承担相应的供给责任。

③组织困境。社区社会组织在初步发展、日益成熟的过程中，也面临着配套措施、发展质量、自主性、合法性和居民动员等方面的发展局限和困境。

第一，配套措施不足，造成社区社会组织职能“空转”。游玎怡、李芝兰等（2020）指出，社会组织在承接政府转移的职能之后，服务的性质产生了变化，然而相关的协同体系却尚未建立，缺乏与服务供给相对应、相衔接的法律、政策与考核制度等。这一方面导致了社会组织在提供公共服务时缺乏规范性；另一方面，考核制度的缺乏也造成了激励性的衰弱，挫伤了社区社会组织提供公共服务的积极性。

第二，发展质量不高，导致社区社会组织难以壮大。当前社会组织在社区中的地位较为尴尬，虽然是社区治理的主体之一，但是依赖于党组织、政府和居委会等其他治理主体，自身独立性较差，主观能动性受到压抑，诸多工作也遇到限制，难以发挥自身作用。另外，专业培训与督导的缺失也不利于社区社会组织的工作专业化和规范化（许亚敏，2020）。

第三，依附程度较高，社区社会组织存在自主性困境。当前我国社区社会组织向社区提供公共服务主要是通过地方政府购买公共服务的途径进行，因此部分社区社会组织会出现较高外部依附性与资源依赖性。何欣峰（2014）指出，社区建设的兴起在很大程度上依靠政府自上而下的治理模式，因此社区治理不免行政化色彩较重。这导致社区社会组织在社区中开展活动，一方面资源主要由政府供给，容易产生依赖性；另一方面，受到政府力量的管制与束缚也较多，难以实现真正的独立与自主。袁建军（2014）认为，在实际过程中，社区社会组织的公共服务大多是政府的行政延伸，社区权力结构的行政化、自身组织功能与资源结构的有限性，是社区社会组织对外部具有高度依赖性的主要原因。王名、张雪（2019）结合嵌入理论，从政治关系嵌入与政治结构嵌入的角度对社区社会组织参与社区治理的自主性问题进行了分析，指出在政府向社区社会组织购买服务的过程中，会通过资源供给、权威渗透以及行政干预等方式对其自主性产生影响。

第四，合法性缺乏，社区社会组织被认可程度低。合法性建构是影响社区社会组织获取资源、发挥治理效用的保障条件，而当前我国社区社会组织参与社区治理仍面临着合法性不足的问题。当前社区社会组织缺乏专业的社会工作方法和人才的介入，人才队伍的构建存在缺陷，在提供公共服务的过程中受限于人才资本与科学方法，质量难以有效提升。营立成（2016）基于新制度主义视角，从规制性、规范性和认知性出发，认为社区社会组织自身的组织架构较为薄弱，组织战略目标和工作能力都存在缺陷，与社区文化环境不匹配，这些原因导致社区社会组织面临合法性挑战。

第五，居民参与积极性不强，社区社会组织存在动员困境。社区社会组织是居民有效参与社区治理的组织化平台，但当前我国社区治理普遍存在着居民参与社区社会组织意愿偏低的问题。徐正、毛佩瑾等（2015）通过对北京、南昌、成都三地代表性社区进行调研，运用二项 logistic 回归模型分析预测居民是否参加社区社会组织的活动，得出的结论是居民参与社区社会组织活动的行为远远低于其意愿。何欣峰（2014）认为，一方面，社区社会组织内部管理欠佳，人员参差不齐，服务供给质量高低不一，居民对社区社会组织信任度较低，参与意愿偏低；另一方面，随着社区由单位制社区和血亲社区转化为商业型社区，熟人社会也转变成为陌生人社会，社区居民之间的关系相较从前的传统社区变得淡薄疏远，对于整体利益倾向于漠不关心，对社区的归属感较淡，因此集体活动、社区治理的参与积极性较差。

④发展趋势。2017 年，民政部出台了《民政部关于大力培育发展社区社会组织的意见》，还制订了发展社区组织的要求和长期计划。该意见明确提出了社区社会组织分类支持、分类管理的思路，将满足公众需求作为目标，将鼓励支持作为重点，将增强能力作为基础，指引社区社会组织健康有序发展。实现有效城市社区社会组织监管的核心在于同时发挥政府和社会的多元监管作用，这种多元监管的模式可以让社区社会组织降低行政化程度，更好地调试自身以应对持续变动的外部环境，并在其他主体无法发挥功用时最大限度地降低消极影响。当前我国社区社会组织发展趋势主要表现在以下五个方面。

第一，理顺政社关系，加强自主性建设。现在，大量的社区社会组织在一定程度上是政府行政上的延展，但是也逐渐展现出愈加丰富多元的发展态势。社区社会组织将慢慢成为社区治理网络中的主体之一（许亚敏，2020）。其中针对社区社会组织因自主性不足而存在的严重外部依存性和资源依赖性问题，有学者认为要使政府与社区社会组织真正发展成为平等的合作关系，政府应该有积极的变革动机，与此同时社区社会组织也要主动增强自己社会动员和挖掘社区人民群众真正需求的水平与能力（Brinkerhoff J M，2003；马全中，2016）。陈科霖、张演锋（2020）从法治化塑造的角度指出，未来政府与社区社会组织的关系应从“行政赋权”转向“法律赋权”，以往是由政府直接给予社区社会组织资源并转移部分职能，这种情况下社会组织更倾向于对政府负责，且社会组织的资源和发展环境受到政府偏好的影响，更容易有不稳定的特点；通过法律赋予社区社会组织权利，则是以法律条例明确政府和社区社会组织之间的互动联系，理清两者的职能范围，并且引导和控制政社关系的基本走向，避免社区社会组织过于依附于政府力量。

就我国而言，在“大社区，小政府”理念的指导与影响下，社区治理在社会治理当中扮演着越来越重要的角色。但受限于许多因素，要全面达成政府与社区在公共服务上共同体式的协同局面始终困难重重。决策的制定依托于政府的权力，社会组织的意见和建议在大多时候难以上传。政府和社会组织之间协同合作遇到的困难主要体现在公共服务供给层面，通畅便利的交流渠道的缺失很大程度上制约了公共服务供给的成效。所以，要促进社区社会组织的发展壮大，形成社区社会组织与政府的良好协同关系，就要冲破传统的以政府为绝对中心、社区社会组织只作为帮衬的合作模式，政府需要给予社区社会组织更多政策制度上的倾斜与帮助，在资源供给上加大支持力度，扶持社区社会组织快速发展，让社区社会组织以独立性自主性更强、管理水平服务质量更高的姿态，分担社会治理和服务供给的责任。

第二，推动居民参与，培育共同体意识。就目前发展来看，社区社会组织开始在社区治理中发挥积极作用，且社区社会组织发展预期较好。如果社区社会组织缺乏广泛的公众支持与参与，将难以在社区治理中发挥重要的作用。因此在面对社区居民参与意愿偏低的困境时，社区社会组织一方面可以通过建立并完善自身的规范机制与公众监督机制，开设人才培养机构等举措，完善自身治理结构，加大信息公开的力度，以增强社区社会组织的可信度和可靠性，获取社区居民的信任与支持（潘修华、龚颖杰，2014）；另一方面，社区社会组织在提供公共服务之前，可以提前调查了解居民需求，增加自身服务内容的丰富性，实现服务形式的多样化，创新居民参与渠道，从而吸引居民积极参与社区社会组织的活动，引导公众接受社会组织提供的服务并且给予相应满意程度的反馈，提出自己的意见建议（许亚敏，2020）。

第三，提高社区公共服务的质量。当前社区社会组织提供的公共服务种类多样化程度不足，供给方式较为单一，公众的满意程度不够高。解决上述问题，最有效的途径即为切实调查了解社区居民的需求，积极动员公众献计献策促进社区社会组织的优化与完善，为社区群众精准提供高效高质的服务，根据民众需要，增加服务类型，利用互联网先进技术将线上和线下相结合以丰富供给方式，并且定期调研居民的满意度与意见建议，及时改进不足。

第四，建构合法性，提升社区社会组织合法地位。首先是规制合法性。需要完善相关法律法规和政策方针，优化社区社会组织提供公共服务的制度环境。其次是规范合法性。社区社会组织应平衡好组织目标与公众目标的关系，关注人民真正的需求，明确合理的组织目标，并且充分利用社区内外的多元力量和资源，积极促进以知识和内部动力为基础的自身内生发展，加强专业性，使得能力与居民期待相匹配（营立成，2016）。最后是认知合法性。未来应将社区社会组织属性知识的传播作为突破口，通过引导公众参与，加强公众在社会组织领域的培训学习，形成常态化的公民专业教育，以增进公众对社区社会组织的全面了解，纠正将社区视为与家庭相同类型的场所的错误观念，提高对社区社会组织的认知合法性（颜克高、高淼，2019）。

第五，坚持党的全面领导。李健、郭薇（2017）指出，社会组织党建意味着党的力量深入社会治理的末端，根植广大群众，是党组织范围的进一步扩大，也是实现国家治理体系与治理能力现代化的重要促进举措。近年来，国内学界也对社会组织党建予以高度关注，指出党的领导在社会组织发展过程中具有不可或缺的重要作用，坚持马克思主义科学理论的指导，跟随中国共产党实践道路的正确领导，社会组织将更好地融入社区与公众，获取更多的合法性与信任认可。朱丽荣（2019）指出，要促进社区社会组织与基层党组织之间的密切联系：一方面，社区社会组织的成员要积极入党，踊跃参与党组织举办的活动，在党的正确领导下提高社区社会组织供给公共服务的质量；另一方面，基层党组织需要积极动员优秀党员加入社区社会组织，发挥先锋引领作用，在正确思想的指导下促进社区社会组织的发展。社区社会组织与基层党组织之间形成良性互动，实现双赢。

1.2.1.2 关于公共服务质量的研究

对公共服务质量的研究，主要包括以下三个方面：第一，梳理公共服务质量的概念，即从哪些维度、哪些视角对公共服务进行解释。第二，公共服务质量测评的维度划分、指标的设计以及权重的赋值。第三，目前学界在评估公共服务质量时选取的评估主体、评估变量和评估方法。

（1）概念界定。当前学界关于公共服务质量概念的解释维度众多，然而权威统一的概念尚未形成。福尔茨（Folz D H，2004）指出，服务质量的概念界定具有相当的难度，让所有人都认可并对一个特定的公共服务质量定义和测评方式感到满意是极为困难的。

许多西方学者在对公共服务质量的概念进行界定时借鉴了企业服务质量的定义。格鲁诺斯（Gronroos C，1984）和帕拉休拉曼等（Parasuraman A et al，1985）提出的企业服务质量定义在学界的认可度较高，应用也较为广泛。罗利（Rowley J，1998）、萧和林等（Hsiao C T et al，2008）、拉姆克－穆哈伦等（Ramseook-Munhurrun P et al，2010）在界定公共部门服务质量概念时也参考了他们的定义。前者将企业服务质量认定为顾客对企业所提供的公共服务效用的预期与实际感知之间的差距，后者将企业替换为公共部门，将顾客替换为接受公共服务的公众。此外，也有部分学者在界定公共服务质量概念时注意到了公私部门间的区别。

国内的学者同样是基于多元语境对公共服务质量的概念进行界定，根据现有文献，大致可以分为公众需求满足角度、公共服务特质角度、时代情境性的角度和维度综合性的角度。

①公众需求满足角度。部分学者从公众需求的满足程度出发对公共服务质量的概念进行界定。金青梅（2006）提出，公共服务质量的定义是社会大众对公共服务的满意程度，即人们实际上体验到的公共服务质量与其预想中的差距。

②公共服务特质角度。以公共服务自身特质来界定公共服务质量的方式在学界较为常见。张锐昕、董丽（2014）提出公共服务质量应当具备七大内涵，分别是遵循事先定下的规则规范，实现事先规划的结果和效果，符合事先预设的输入要求，最大限度地发挥服务功能，通过正确的途径完成正确的任务，达

到预先设置的质量标准，具备利他主义和公共精神。陈振明、李德国（2011）认为公共服务质量指社会公众接受的公共服务的可得性、迅速性、实惠性、精确性和应答性等特性的实际水平。

③时代情境性的角度。时代的变化会赋予公共服务内涵不同的时代特征，因此以公共服务所处的时代情境来界定公共服务质量具有一定的合理性。谢星全、刘恋（2017）根据公共服务质量概念在不同理论范式中的情境性指出，在新公共管理的视角里，微观层面的服务质量关系到个人的满意程度，而在新公共服务的背景下，宏观层面的服务质量则与公共利益高度相关。

④维度综合性的角度。由于公共服务的复杂性，学者们多以公共服务涉及的多种维度来界定公共服务质量。如吕维霞、钟敬红（2010）以客观质量和主观质量对公共服务的质量进行分类，其中主观质量指公民的满意度和感知质量，客观质量是各种公共服务本身的产出质量和结果质量。陈朝兵（2017）围绕公共服务质量，从特性、要求和满足程度三个角度进行概念界定。在特性层面上，公共服务质量是在公共服务供给的过程和效果中所具备的天然特性；在要求层面上，公共服务质量指的是公共服务满足相关规定标准和达到接受服务的公民大众要求的程度；在满足程度层面上，公共服务质量是一种公众对公共服务好坏的主观感知和评价，即公共服务让公众承认、满意的程度。陈文博（2012）把公共服务质量定义为“公共服务满足公众需求与提升公众满意度的总和”。

（2）维度划分。测评维度的确定是公共服务质量测评研究的重要一环，当前学术界对于公共服务质量测评的研究主要是以“满意度”为基础。国外对公共服务质量测评研究起步较早，大多通过构建模型对公共服务质量进行测评，如帕拉休拉曼等（Parasuraman A et al，1985）提出 SERVQUAL 模型，从有形性、可信赖性、回应性、保证性、情感移入性五个维度对服务质量进行测评。施国洪、王晓燕等（2011）对 SERVQUAL 模型进行完善，保持前四个维度不变，将“情感移入性”维度替换成了“社会责任”维度，通过修改后的五个维度对非营利组织服务质量进行测评。

在新公共管理运动中，企业家政府理论提出了“顾客意识”，即提倡将公共服务的接收者视为顾客，在这个视角上，服务质量与顾客满意理论可以很好地为公共服务质量的测评提供理论支撑。当下的公共服务质量测评主要有两种模式，分别是差异模式和绩效模式。

与实实在在的公共产品相比，公共服务常常是无形的、抽象的，在量化和测评上具有一定的难度，且通常涉及主观层面的感受，所以众多相关研究都是通过服务的感知对公共服务质量进行测量。当下，被学界广泛使用的感知服务质量概念是由学者帕拉休拉曼所界定的，他将感知服务质量认定为顾客对于服务提供者的服务效能的预设期待与该项服务的实际效能感受间的差距。帕拉休拉曼在 20 世纪 80 年代末构建出了 SERVQUAL 量表用于测量服务质量，该量表包含了五个维度，分别是有形性、可信赖性、回应性、保证性、情感移入性，一共有 22 个指标。每个指标都通过服务质量定义所对应的公式计算出顾客的期待与实际感知之差。这种感知服务质量为公共服务质量测评提供了测量方式，但是这种期望与真实感知之间的差距是否就对应了公共服务质量，这尚未得到证明。因此部分学者考虑到此项局限放弃对于期望值的测量和差距的测量，仅仅测量实际的质量感知作为公共服务质量的测评结果（Santos J，2003）。

与上述提到的差异模式相比，绩效模式的优势在于具有更高的简洁度和更强的有效性，这是因为绩效模式能够解释的方差范围更大，也就具备更高的适用性和更强的解释力，这一点在许多实证研究中都可以得到支撑。克罗宁和泰勒经过前期的研究积累，在 20 世纪 90 年代设计出了测量服务质量的 SERVPERF 量表，量表包含的五个维度与帕拉休拉曼提出的 SERVQUAL 量表相比有一定的修正，其中“可信赖性”维度被替换成了“保证性”。克罗宁和泰勒认为，服务质量可以被视为一种态度，所以在测量的时候无须考虑顾客的期望。现在，绩效模式得到了愈发广泛的认可和运用。

（3）质量测评。学者们关于公共服务质量测评的研究涉及多种主体，选取的测评变量也随之不同，在测评方法上同样有较大差别。

①测评主体。目前公共服务质量测评的主体可以从层级和类型两方面进行划分。测评主体的层级以地级市为主，包括某区域内所有地级市和单一地级市两类情况。除了地级市，针对个案和省级两种层级的文献数量差距不大，个案包括武汉市五家大型体育馆（吕万刚、曾珍，2020）、西西里地区九所公立医院（Lupo T，2016）和四个城市的微信公众平台（宋雪雁、张岩琛等 2018）等，省级层级的测评主体主要是省级政府（如张启春、范晓琳，2017；李方

毅、郑垂勇，2020）。评价的类型中，绝大多数是公共服务质量，例如公共体育设施服务质量（郑旗、张鹏，2015）、电子政务质量（张月义、李理想等，2016）、公共体育服务质量（袁新锋、张瑞林等，2020）、公共巴士交通服务质量（Deveci M et al，2019）等，小部分主体的类型为公共服务绩效（如杨莉、张雪磊，2019）。

②测评变量。现有的关于公共服务质量测评的文献中，大部分是单变量测量，仅有小部分是对质量及其影响因素进行多变量测量。在单变量测量的文献中，使用客观指标和主观指标的文献数量相当。在指标聚类上，绝大多数文章是通过理论构建、文献归纳或者使用现有指标实现的，其中不乏学者调动专家资源进行指标设计（如赵晏、邢占军等，2011）。测量过程中的权重设定方法以德尔菲法为主，也有一定数量的文献使用了熵值法、因子分析法、层次分析法来赋予权重。加总方法以加权求和为主，数据包络分析（DEA）、TOPSIS和模糊综合评判法（FCE）等方法也在部分文献的加总过程中出现。

以多变量相关的方式对公共服务质量进行测评是学术界常用的方法之一。主要是以公共服务满意度或公共服务质量作为因变量，通过对影响满意度或质量的相关因素及其关系进行探讨，从而得出改进或提高公共服务满意度或质量的相关措施。在该领域当中，学者谢星全（2018a）从多变量的角度对该问题进行了较多的探讨。谢星全基于分层线性回归模型，围绕基本公共服务的要素、过程、功能和目标搭建基本公共服务质量的评价框架，同时赋予基本公共服务质量概念以“情境性”和“层次性”特征，从规范和实证层面提炼基本公共服务质量的分层概念，以更好地形成基本公共服务质量评估的分层模型。此外，谢星全（2018b）还对分层线性回归的运用进行了进一步的拓展，从基本住房保障服务和基本医疗卫生服务入手，分别探讨了基本公共服务质量的多层次关系，以及基本公共服务质量如何受微观的个体选择与宏观的县域绩效和价值规范的影响。其他学者，如梁昌勇、代犟等（2015）在顾客满意度模型的基础上，以结构方程来建构和探讨公共服务满意度影响因素并构建相应的测评模型；姚林香、欧阳建勇（2018）运用 DEA-Tobit 理论模型对影响我国农村公共文化服务的财政政策绩效进行探讨；杨莉、张雪磊（2019）运用 SBM-DEA 模型和 Malmquist 指数模型对供给效率及其相关因素进行研究。

虽然以公共服务质量为核心探讨多变量之间的相互关系方法不同，但以多变量为核心进行的公共服务质量测评的探讨，可以更为全面、客观地反映不同因素在公共服务实现及其主体互动、协调与合作的过程。

③测评方法。众多学者在对公共服务质量的指标权重进行设定时选用了熵值法，如史卫东、赵林（2015），赵林、张宇硕等（2016），佟林杰（2017）等。熵值法可以避免人为赋权时的随机性、主观性和臆断性以及多指标变量之间信息重叠的问题，在社会经济等研究领域被广泛运用。某项指标的值变异程度越大，信息熵越小，说明这项指标能够提供越多的信息量，所占据的权重也就越大，在评价中也就扮演越重要的角色；反之该指标的权重越小。对于某项指标，不同方案的指标值 x_{ij} 的变异程度越大，那么此项指标在综合评估中发挥的影响贡献也就越大；若某项指标在不同方案里的指标值全部一致，那么这项指标在综合评估中不发挥作用。

层次分析法同样是相关研究中出现频次较高的研究方法。层次分析法（Analytic Hierarchy Process）也可以简称为AHP，当决策比较复杂难以快速制定时，可以通过这种方法将目标分解成若干准则层，再度细化为易于量化的方案层，再进行一系列定性和定量的分析，最终形成决策。层次分析法的主要步骤包括建立层次结构模型、构造判断矩阵、进行层次单排序及一次性检验，最后进行层次总排序及一次性检验。层次分析法在公共服务供给质量的测评当中常用于指标的权重设置和质量维度划分的部分，如卢波（Lupo T，2016）对公立医院公共服务质量指标的权重设计环节，邓剑伟、郭轶伦等（2018）对北京市公共服务质量指标的权重设置环节，张新成、高楠等（2020）对乡村旅游公共服务质量指标的权重设定环节，张钢、牛志江等（2008）对区县级地方政府的公共服务质量进行维度划分的环节。

德尔菲法在相关研究中的应用也非常广泛，且大多用于权重设定。德尔菲法（Delphi）是通过专家匿名表达自己的想法与意见，由研究者收集起来经过处理后多轮次循环调查，经过多次修改和完善，最终形成多位专家的一致意见。这种方法的优势在于调查结果具有相对可靠性，经济成本较低，时间成本适中；缺点是专家的意见也有脱离实际情况的可能。德尔菲法在公共服务供给质量测评研究中主要被用于权重赋值和维度划分，如李冬（2018）将德尔菲法应用于对京津冀地区公共服务质量的权重进行分配的环节，而朱楠、任保平（2019）在划分省级政府公共服务质量的维度时使用了德尔菲法。

1.2.1.3 关于社区社会组织公共服务供给的研究

对社区社会组织公共服务供给的研究，主要包括以下三个方面：一是社区社会组织公共服务的供给模式，二是社区社会组织公共服务供给的影响因素，三是社区社会组织公共服务供给的质量测评。

（1）供给模式。在本质上，公共服务的供给模式是一种公共服务供给基本元素的组合，其中元素包含结构布局、供给模式和主体关联等（Kemp R L，1991）。由城市的非政府组织供给的公共服务不仅是对市场失灵和政府失灵的弥补，而且在某些领域成为一种被优先考虑的公共服务供给方式，从而拓宽了提供公共服务的渠道和途径。以往公共服务的供给模式比较单一，主要是由政府承担起提供服务的责任，但是社区社会组织的参与分担了部分服务供给的压力，同时也推进了公共服务供给主体多元化和供给方式多样化。

①政府控制模式。20 世纪 70 年代以前，我国的公共服务供给是由政府包揽负责，政府是公共服务的完全供给者；改革开放后，社区服务供给逐渐形成了“供给者—购买者—消费者”的三元主体结构，政府在其中扮演着“供给者”和“购买者”的角色。从党的十七大到党的十九大，政府五次强调了社会组织在社会建设中的作用，不断推进“放管服”改革，将部分社区公共服务的供给责任转移给了政府，这显示出政府的“供给者”角色逐渐削弱，“购买者”角色日益明显。

国内多数学者从以政府为主体的视角出发，研究社区社会组织公共服务供给模式。周义程（2008）研究了公共产品的纯政府供给模式，指出该模式存在的根本原因是市场失灵，以及政府具有普遍性和强制性这两大特性。正因为这些因素，纯政府模式才有存在的必要性。栾丽霞、杨琴侠（2014）认为社区内社会组织提供的公共服务主要是政府作为主体购买社区公益服务，社区社会组织在其中扮演承接者的角色。在公共服务供给中，政府扮演发挥主导作用的角色，不过随着社会资源配置结构发生变化，社区社会组织将逐渐成为提供公共服务的重要主体，承担越来越多的社会管理和服务功能。刘春湘、邱松伟等（2011）提出，为了强化社会组织在社区公共服务中的作用，政府应当转变行政观念，关键时刻给予减免税收等政策支持。社会组织自身要加强能力建设，在完善内部治理机制的同时加强外部联系。基于此，有学者提出要让社区社会组织融入社区的治理与建设，应该构建起由政府负责主导、以项目进行带动、利用网络开展联动、实现整合发展的模式（高红，2011）。政府主要是通过直接向社区社会组织提供资源，或者向社区社会组织购买公共服务将项目委托出去等方式引导和促进社会组织的发展。社区自助模式是社会组织提供公共服务的一种模式，指的是社区社会组织作为主体，向居民提供基础服务、延伸服务和个性化服务满足社区居民的文化需求（施国权，2012）。徐宇珊（2014）通过研究深圳社区社会组织提供图书馆公共服务的效果，发现社区社会组织参与公共服务供给要结合社区特点、社区需求、合作提供等。

我国原有的强管控社会管理方式和“大政府、小社会”的特征，导致社区社会组织在公共服务供给上显著受政府管控，面临较多政府限制。随着“简政放权”的行政体制改革和“服务型政府”的建设，社区社会组织在公共服务供给方面将越来越拥有独立性和自主性。

②合作供给模式。从西方社会组织的理论与实践来看，社会与政府的关系从分立走向联结，整个政社关系表现出重塑的趋势，社区服务由政府、市场、非营利组织三方合作提供。在我国，学者们也注意到了中国社区内这种多主体合作供给公共服务模式的出现。郁建兴、金蕾（2012）通过案例分析发现，社区社会组织与政府在公共服务供给上呈现协同关系，进而定义了“协同供给模式”。在养老服务的供给方面，存在政府、社区、社会组织三方合作的实践模式，该模式通过发展三方互动合作的制度运作机制来建立三方合作的支持性体制环境，确保合作效能。在调动多方社会力量参与公共服务供给的背后，是“三社联动”的运行机制。“三社”指的是社区、社会组织、社工，三方主体通力合作，形成良好的互动关系，积极尝试挖掘将公共服务市场化的办法，经由社区平台，通过引入外部投资或者合伙人等形式运营社区公共服务项目。随着我国政府职能的转型和国家治理能力不断提高，我国的社区社会组织供给模式越来越趋向于合作协同，这有助于公共服务供给质量的提高。

③混合模式。观察公共服务供给过程，社区社会组织提供公共服务可视为一种二次分工模型。一方面，政府与社会组织对接，政府推动社区社会组织生产公共产品、资源和服务；另一方面，出现了介于政府和一般社区社会组织之间的枢纽型组织，负责信息沟通和资源整合，以支持、协调和评估社区社会组织的效能。

对比中西方的社区社会组织供给公共服务的模式可以发现，中国社区社会组织普遍具有依附政府的特性，其供给的服务多数是政府购买的，且尚未形成制度化、规范化的公共服务供给模式。西方社会组织公共服务供给模式的重要特征是自主性、规范化和竞争性，它们充分利用自身的优势和自主性，提供符合社区公众所需要的产品与服务，从而不仅提高了效率，也使得组织运作形成了一套规范体系。曾维和、元瑾（2015）指出，社会组织提高公共服务供给质量的方法分为自上而下和自下而上两种途径。具体模式包括以美国为代表的社会组织主导型和以英国为代表的政府引导型。近年来，俄罗斯进行了政府改革，并实施了一系列政策措施以提升政府公共服务的质量。这些措施包括改善营商环境，利用网络加强政府与社会的互动，优化服务方式，扩大公共服务的覆盖范围，加强服务评估和改进。

（2）影响因素。社区社会组织公共服务供给的影响因素主要包含政府支持、经费来源、体制机制、居民认同与社区社会组织的能力五个方面。

①政府支持。我国社会的特征是“行政主导型”，即政府掌握着众多稀缺重要资源的垄断权，社会组织的建设和发展过程难以避免地受到政府强有力控制的影响（许鹿、钟清泉，2015）。从政府的角度切入，社区社会组织公共服务供给的影响因素可以被划分为三个维度：一是政府向社会组织购买公共服务的动机，二是社区社会组织自身的公共服务质量与供给效率，三是政府与社区社会组织之间的关系。政府越是拥有对社区社会组织的控制权和影响力，社会组织的自主性、独立性就越差，公共服务供给质量改进的可能性就越小。学者徐金燕（2013）通过结构方程模型的分析得出，政府的支持、控制力度和与社会组织的互动交流是影响政社合作治理成效的三个关键因素。若政府增强社区组织对人力、物力、财力和信息等资源的支持力度，削弱对社区组织的控制力度，并且加强与社区组织的沟通联系，那么合作治理的成效会显著提高。

②经费来源。在我国，社区社会组织的主要经费来源是政府的财政补贴。虽然也有其他的资金渠道，但是这些渠道在经费数额、发放频率和稳定性方面都远不及政府财政补贴，它们只能起到辅助和补充的作用。一般而言，社区社会组织的经费来源包括政府直接提供的财政补贴、政府通过项目经费形式的间接资助、社会爱心人士或者慈善组织的捐赠、会员费及有偿服务费等。由于社会组织有着区别于商业组织的特质，有偿服务并不以利润为目标，服务收费的

利润不高，例如社区文艺演出的门票多为象征性收取，因此总体来说，服务收费的“开源”作用非常有限。刘笑杰、夏四友等（2020）通过构建一个基本公共服务质量指标评价体系，运用变异系数、ESDA 和空间杜宾模型对湖南省的基本公共服务质量进行了研究，发现城镇化水平、对外开放程度、财政支出能力和经济发展活力对于基本公共服务具有正向促进作用。这四个影响因素都与经费密切相关，财政支出能力指向的是政府对于基本公共服务的财政支出，其他三个影响因素则是经费获取的环境，对于经费获取具有间接影响。

③体制机制。在我国，政府仍然承担提供公共产品和服务的主要责任。国家制定的强制性制度对社区社会组织的活动范围和公共服务供给事宜进行了限制和规范，通过颁布或者修改法律法规、政策方针等方式影响社区社会组织所处的制度环境，运用政府的“结构性权力”间接影响社区社会组织公共服务供给的行动。

党的十八大以来，“政社互动”的导向与趋势变得更为明显，政府在明确社会组织发展目标的情况下，打造“一核多元”的治理生态，为社区组织在提供社区服务方面提供了良好的制度环境。社会网络、社区网络、政府网络，三者的动态联系也会影响社区社会组织公共服务供给质量。

我国在政府行政体制改革过程中强调服务型政府的建设，政府要简政放权，其中政府购买服务是政府职能转变的重要改革创新措施。服务型政府在优化自身公共服务供给的同时，需要创新公共服务体制，支持社会组织参与公共服务供给。政府购买公共服务的方式为社区社会组织提供了充足的资金和良好的政策环境，有利于社区社会组织发挥专业性、创造性和能动性，同时在“服务型政府”的监督下，社区社会组织的公共服务质量得以保障。

④居民认同。根据相关文献的分析，社区社会组织在竞争程度较高时，往往更易获得更高的居民认同，从而提高其公共服务供给的效果。居民对社区社会组织信任度越高，越有利于形成社区公众与社区社会组织之间的良好互动关系。一方面，社区居民对社区社会组织所提供公共服务的质量赞赏和认可，不仅有利于社区社会组织的可持续发展，同时在精神层面上也是一种激励，体现了其社会价值的实现；另一方面，这种紧密的联结与互动关系也促使社会组织精准对接居民需求，调动居民参与社区治理，有针对性地提供社区公众真正需要的公共服务，进而提升公共服务质量。徐金燕、蒋利平（2013）指出，公众

对公共服务供给的关注与参与、接受和支持属于社会环境因素，通过结构方程模型的实证分析发现，居民的认可对于社区社会组织公共服务供给绩效具有积极正向的影响作用。

⑤社区社会组织的能力。在我国转型建设服务型政府、健全公共服务体系过程中，虽然有大量的公共服务需求催生了众多社区社会组织，但因为这些组织能力上的不足，它们在供给方面面临挑战。这种能力上的不足主要表现在获取资源的能力有限和制度机制不完善等方面。曾维和、元瑾（2015）认为，社区社会组织的组织技巧、管理能力、成员素质是影响社会组织公共服务供给质量的重要因素，社区社会组织必须要加强自身能力建设，提高承接服务的水平。许鹿、钟清泉（2015）认为，如果社区社会组织能够更加明晰确定自己的组织目标，就会显示出更强的协同合作偏好，并通过这种方式实现更高质量的公共服务供给。孙浩、龚承（2016）认为公共服务目标的多元性、服务需求的变动性、评估信息的稀缺性、认知的差异性等是决定公共服务效能评价的关键因素。吴素雄、陈字等（2015）提出，当下社区社会组织一方面尚未实现规模化，覆盖面和数量虽有所扩张但仍不足够，另一方面法人资质不足，专业化程度和合法性存在缺陷，这两个问题成为社区社会组织提供高质量公共服务的重大限制与挑战。

（3）质量测评。作为城市环境中最显著的社会组织形态，社区社会组织扮演着关键角色。面对社区居民多元化的需求，常规的政府公共服务往往无法完全满足这些多样性的需求，同时市场由于对利润的高度敏感，往往忽视那些需求广泛但利润较低的公共服务，导致在公共服务供给上出现空白和缺失。由于政府失灵和市场失灵的同时存在，社区社会组织作为政府和市场的重要补充，可以充分发挥其适应性强、灵活性高和具有公益性的特点，更好地满足现代社区多样化的需求，弥补市场不会关注、政府照顾不到的公共服务空白领域。

①弥补政府服务职能的不足。吴素雄、郑卫荣等（2012）指出，国家强调建设“服务型”政府，即政府的职能重心由管制转向服务。在社区建设和社区治理发展得如火如荼的时期，面向社区民众提供高质量的公共服务成为一项重要任务。然而不同社区之间具有异质性，即便是同一个社区内部，社区居民的需求也是相异的，因此社区公共服务需求的多样化程度非常高；政府所提供的偏向于普适的公共服务难以达到令人满意的水平，因此就需要从体制之外去寻

找合适的主体分担公共服务供给的责任。社区社会组织无疑是最为适宜的角色。一方面，社区社会组织根植于社区，可以直接与社区居民进行互动，了解居民的需求非常便利，从而弥补政府无法提供个性化公共服务的缺陷；另一方面，社区社会组织是非政府组织，属于体制之外，可以激发政府的竞争积极性，从而提高政府提供公共服务的效率。刘耀东（2017）则指出，打破政府在社区公共服务供给中的垄断地位，让社会组织参与社区公共服务的供给当中，可以很大程度地化解社区公共服务供需之间的矛盾，弥补政府服务职能的不足。

②推动社会公益事业发展。社区社会组织在推动社会公益事业发展方面的作用体现在物质和精神两个层面。一方面，社区社会组织既可以为困难群体直接提供资金和物资上的帮助，缓解其燃眉之急，又可以与政府、居委会、街道办等治理主体有效沟通，从政策渠道间接为困难群体获取需要的资金支持。正如高红、杨秀勇（2018）指出，社会组织与社区联系密切，能够依据社区的实际情况将政府政策进行本土化的执行应用，还可以根据特定群体的需求提供他们需要的服务与援助。另一方面，社区社会组织本身的非政府和非营利性特质也决定了在提供服务时更多是出于利他主义和公益精神，在精神层面提倡了奉献精神，以身作则向社区居民甚至社会公众发出公益倡议，在社会公益事业发展上发挥了重要作用。

③提高居民的社区认同感。社区社会组织提供公共服务的对象主要是社区居民，这就意味着居民对服务的评价会影响到他们对社区的感知。

首先，社区社会组织通过举办各种文娱和公益活动，加强了居民间的相互接触，成为促进互动和沟通的有效平台。这些活动帮助居民互相认识、彼此理解，并互相帮助，逐步消除隔阂，从而使社区从疏远、陌生、淡漠变为熟悉、亲密和热情，重建人与人之间的联系与信任。虽然单位制社区和血亲社区向商业型社区的转型使得熟人社会变成了陌生社会，但是社区社会组织扮演了一个纽带的角色，将居民们组织在一起，为温暖冷淡、陌生的社区提供可能。

其次，社区社会组织通过满足社区公众的公共服务需求，增强了居民对社区生活的温暖和便利的感受，实际体验到的福利帮助提升了居民对社区的喜爱和依赖感。居民在对社区产生认可和归属感后，逐渐培养起主人翁意识，更加积极地关注并参与社区的建设。在社区里，社会组织能够敏锐地捕捉到社区居民的需求，直接迅速地提供他们需要的服务。上海市社会组织为社区居民提供的就业培训、居家养老服务和家政服务等低费用、个性化和多元化的社区服务取得了较好的社会效益，居民们对于社区公共服务的满意度较高，由此社区成了居民的乐园与家园（李杰，2017）。

④促进基层民主制度的完善。张清（2020）认为基层自治制度包含了村民自治、居民自治和社会组织自治，显示了社会组织的自我治理也是基层民主自治制度的重要组成部分。社区社会组织可以成为政府管理与居民自治之间有效的沟通交流平台。居民自治需要一个集中表达意见和建议的载体，因为个体的意见与建议通常是分散和杂乱的。而社区社会组织正好可以充当汇集居民意见的角色，将聚集到的意见和建议组织化和合理化，再向上传达，成为民众的“发声器”。另外，社区社会组织面向社区居民提供公共服务，居民可以踊跃参与对公共服务的质量测评，并指出社区社会组织组织结构、工作效率和运行机制等方面的不足，反作用于社区社会组织，监督和促进其自我管理、自我完善。

（4）质量测评。关于社区社会组织公共服务供给的质量测评，学界采用了构建公共服务质量测评指标体系、质量测评模型和案例测评等多种方法。在案例分析的研究中，学者们在选择案例时选择了不同方法，一些学者采用多案例进行测评，而另一些则专注于对单一案例的评估。

①总体测评维度。国内一部分学者专注于研究如何评价社区社会组织公共服务效能，并提出了评价指标。原珂、沈亚平等（2017）认为，公共服务质量就是公共部门提供公共服务过程中，消费者获得并享用公共服务的需求满意度的总称，并据此提出服务数量、服务结构、服务态度、服务产品质量和客户满意度五个评价指标。张金刚、刘志辉（2016）从制度完善的角度，对公共服务绩效评价制度进行了评估，认为应该构建注重评价制度的整体性设计。孙浩、龚承（2016）认为，要构建社区社会组织提供公共服务效能的评价体系，应该重视评价设计的环节，具体可以从服务消耗、人民满意度、公众参与、服务效率以及服务能力五个维度展开。

②多案例测评维度。游玎怡、李芝兰等（2020）选择了 175 家科技社团作为案例，使用结构方程模型来分析购买服务和转移职能这两种措施的效果。他们的分析表明，从“资源效应”和“解释效应”的角度看，这两项措施均对提

升社区社会组织提供的公共服务质量有积极影响，其中购买服务的正向促进作用更为显著。然而从“内卷化效应”的角度来看，社区社会组织受到政府的约束增加，不利于提高其公共服务供给质量。从整体上看，社区社会组织提供公共服务所需要的制度环境仍然有很大的改进空间，尚未形成整体化、协同化和制度化。同时，政府的过度干预也限制了社会组织的自主发展。由此需要加强制度政策层面的配套措施，出台“负面清单”，释放社会组织的自主权。

许鹿、钟清泉（2015）从政社关系角度切入，运用多案例的归纳研究方法，挑选了四个社区社会组织进行公共服务项目质量和改进情况的测量。他们分析出两种能够提供高质量公共服务的模式：一是政府权力影响较大，社区社会组织乐于接受控制提供公共服务；二是社区社会组织具有较强的自主性和高组织认同度，采取协作方式提供公共服务。并且，有党建引领的社区往往公共服务供给质量更高，能够积极带动社会组织参与其中。韩国、日本、新加坡、印度等国家采用了满意度评估、质量控制、服务宪章等方式实施公共服务供给质量评估的改革。

③个案测评维度。第一种个案测评是对农村区域的社区社会组织公共服务供给能力进行评估。刘耀东（2017）用实证方法对农村社区社会组织公共服务的供给能力进行了研究，分别对公共服务供给能力的时效性、便利性、吻合性、保证性指标展开分析，提出社区社会组织供给公共服务需要从提升服务便捷性、强化需求导向、提高组织成员素质、健全引才和长效发展机制、排除行政干预五个方面改进。第二种是基于某地社区社会组织公共服务供给能力的评估。冉鹏程、方堃（2016）参考胜任力“冰山”模型对社区社会组织提供公共服务的能力水平进行评价。他们提出了一个包括资源获取、专业输出、自我规制、社会合作、市场竞争五个维度的能力体系，旨在帮助社区社会组织提升公共服务供给的质量。

1.2.2 研究评述与可突破空间

目前国内外与公共服务质量和社区社会组织相关的文献较为丰富，学者们从不同的国情场域、理论视角和研究切口出发，运用案例分析和实证分析等不同的研究方法，得出了既有共识又具创新的研究结论。然而，当下的相关研究在公共服务质量维度划分、公共服务供给质量测量、社区社会组织聚焦和理论的本土化应用上还存在一定程度的缺漏和不足。

1.2.2.1 质量维度的缺漏亟待弥补

当前学界在划分公共服务质量维度时主要采取的方法是文献归纳法、关键绩效指标法、德尔菲法等，或者借鉴广泛使用的 SERVQUAL 测评模型和 SERVPERF 测评模型。在质量维度的具体划分上，李方毅、郑垂勇（2020）划分了投入变量和产出变量，并细分为规模、结构、效率和公平四个维度；有的学者则以范围作为划分依据，如史卫东、赵林（2015）设置了教育文化、医疗卫生和社会保障、基础设施、生态环境和信息化五个公共服务维度；有的学者则是借鉴已有的测量模型从而构建出新的评价模型，如陈忆金、曹树金（2019）参考了 SERVQUAL 模型、公共服务质量模型（PSQ）等，开发了用户中心视角的公共文化服务质量测评模型。可见学者们对于公共服务质量维度的划分存在多元视角、多种理论语境的理解与划分，然而大多数研究的划分还是依托于已有的西方理论或者只进行小范围的修改，因此全面性和贴合性都不足，要使公共服务质量的测量过程和测量结果尽可能还原真实的情况，就需要提高公共服务质量维度划分的周全严谨性和科学合理性。基于此，本书将结合理论与实践深入讨论，力求弥补这些维度上的空缺。

1.2.2.2 供给质量测量存在欠缺

国内外学术界对于公共服务质量测评的研究较为成熟，尤其是西方学者构建了许多具有启发意义的测评模型。但在如何测量供给质量指标方面，仍然存在以下三点欠缺。第一，公共服务质量本身是一个尚未统一的概念，且多以“满意度”这一主观评价为主，在指标遴选、权重确定等具体测评方法上随意性较大。虽然学者们的研究采用了包含德尔菲法、熵值法、层次分析法、加总方法和模糊综合评判法等在内的测量方法，但是测量结果在有效性和权威性上存在一定疑问。第二，虽然针对地方政府、公共体育场所或者体育设施、医院和图书馆等主体的公共服务供给质量测评研究较多，但是专门针对以社区社会组织为主体的公共服务质量测评的文献资料非常少，在这方面的研究存在较大空缺。第三，现有的供给质量指标设计与测量主要是采用自上而下的方式，即先行划分维度、设定指标，再收集数据将指标量化。然而，这种方式存在一定的缺陷，容易受到研究者主观性的影响，导致研究分析偏离实际情况。当下采用自下而上的指标设计与测量方式的相关研究比较少，因此存在方法上的空缺，也提供了创新的空间。基于此，本书力图做出一些探索与创新。

1.2.2.3 社区社会组织聚焦不足

在公共服务供给质量测评的研究中，绝大部分是以政府为测评主体，关注的层级覆盖省（市、自治区）、地市级和区县级等地方政府。少数研究关注了公共体育馆、公立医院、公共图书馆、公共交通、公共文化和公共环境等领域，但是围绕社区社会组织的公共服务供给质量展开测评的研究极其稀少。这一方面展现了当下相关研究的空白领域，提供了创新的可能，但另一方面也意味着直接相关的可供参考的文献资料非常稀缺。如何将公共服务质量测评研究聚焦于社区社会组织，并与政府和其他公共部门主体区别开来，成为本书需要重点关注的方向。

1.2.2.4 理论的本土化应用程度有待提高

通过对现有文献的梳理可以发现，与社区社会组织公共服务供给质量相关的理论学说和测评方式大多来源于西方国家，西式理论在中国本土的适配度尚未得到有力的证明，更遑论在具体实践上应用。对中国社区社会组织公共服务供给质量的测评，需要考虑理论和实践的双重有效性。首先在理论方面，一方面可以根据本国国情改良和完善西方相关理论，实现理论的本土化，另一方面也可以基于中国的实践情况，提炼出具有中国特色的创新理论。其次，在实践方面，目前的大多相关文献设计的服务质量测评体系适用范围较为有限。如何设计和优化测评方法，并构建适用于多数中国本土社区社会组织的公共服务供给质量测评体系，是本书力求达成的目标。

1.3 研究思路与研究内容

社区社会组织公共服务供给质量测评研究是一个新的研究领域，作为一种实证研究，需要遵守实证研究的基本规范。下面就本书的逻辑进路与核心问题进行阐述。

1.3.1 研究思路

本书遵循“问题提出—理论研究—数理建构—研究结论—体系抽象”思路。首先通过文献综述、理论分析提出所要研究的核心问题；其次，通过田野调查、专家访谈、德尔菲法、层次分析法、模糊综合评价法等，进行质量测评指标体系的建构以及指标的评价；最后，对数据结果加以讨论，得出主要的研究结论，并围绕价值定位、指标体系、评价方法、结果运用等方面进行整体的体系抽象，形成适用于社区社会组织公共服务供给的质量测评模式。

1.3.2 研究内容

本书在总结评述有关研究文献的基础上，遵循“概念与内涵界定、理论基础+价值指引、指标设计、方法建构、实证运用”的质量测评模式来开展研究，具体包括五个方面。

第一，社区社会组织公共服务供给质量测评的理论基础。一是要理清社区社会组织与其他层面社会组织的区别。社区是基层治理的重要载体，社区社会组织公共服务供给是微观层面的行动实践。二是要准确界定社区社会组织公共服务供给的“质量”。回应“高质量发展”的时代诉求，更好地满足人民日益增长的美好生活需要，让创新成为第一动力，协调成为内生特点，绿色成为普遍形态，开放成为必由之路，共享成为根本目的。三是创新集成运用现代治理理论。特别是公共管理研究中的新公共服务理论、政治学研究中的协同治理理论、工商管理研究中的全面质量管理理论，为开展本书研究提供了坚实的理论基础和学术支撑。

第二，社区社会组织公共服务供给质量测评的价值指引。坚持以习近平新时代中国特色社会主义思想为指导，聚焦社区社会组织公共服务供给质量测评这一微观实践主题，挖掘和总结其内在的“人民主体性”，把研究目标聚焦到解决社区居民最关心最直接最现实的利益问题；挖掘和总结其内在的“价值兼容性”，确保研究内容实现公平、秩序、活力、兜底等多元价值统筹兼顾；挖掘和总结其内在的“组织贡献性”，让研究对象的桥梁、调和、示范、控本作用在社区充分体现；挖掘和总结其内在的“服务品质性”，推动研究成果对社区居民高品质生活形成更有力支撑；挖掘和总结其内在的“交易廉洁性”，让研究的内涵和外延更好地服务于政治生态和社会风气。

第三，社区社会组织公共服务供给质量测评的指标设计。基于“服务利润链”构建观点，本书将根据评价主体的公共服务质量感知，构建一个包含四个维度的质量评价体系，分别是与政府相关的公共服务设计质量与关系质量，以及与社区居民相关的公共服务过程质量与结果质量。实地调研分析社区社会组织公共服务供给的情况，获得相应的事实描述，通过专家访谈法、德尔菲法等，结合文本分析，构建社区社会组织公共服务供给质量测评体系。

第四，社区社会组织公共服务供给质量测评的方法构建。采用多种方法对构建的指标体系进行评价，保证指标设计、权重赋值的可用性与实用性。本书涉及的评价方法主要包括：层次分析法、模糊综合评价法、加权平均法。

①运用层次分析法确定质量测评指标体系中每个指标的权重。计算过程如下：首先进行归一化矩阵建模，然后对判断矩阵按行相加，接着计算归一化后的权重向量，最后得到矩阵最大特征根。

②运用模糊综合评价法对各维度进行综合评价。

③运用加权平均法对各维度质量评价结果进行汇总评价。

第五，社区社会组织公共服务供给质量测评的结果应用。对质量测评体系进行验证，利用测评结果，为提升社区社会组织公共服务供给质量提出对策建议。在实证研究的基础上，按照“共建共治共享”的基本思路，搭建“需求输入—过程控制—结果验证—动态调适”的普遍性价值链，“靶向式”设计社区社会组织公共服务供给的质量提升路径，以更好地释放社区社会组织的整体活力，并高质量推动社会治理，尤其是在社区公共服务领域。

1.4 研究方法与技术路线

社区社会组织公共服务供给质量测评研究有着明显的复杂性，如果没有正确的方法和技术作为保障，就可能导致理论导向上的偏差和技术操作上的错误。

1.4.1 研究方法

本书主要从公共管理学的学科视角出发，采用混合研究（定性研究与定量研究）的途径，结合定性的结构化访谈、专家咨询等方法和定量的层次分析法、模糊综合评价等数据分析方法，来开展社区社会组织公共服务质量评估的研究。

1.4.1.1 定性研究

本书研究的一个重要目标是构建一个比较科学、合理且可行的社区社会组织公共服务质量测评体系。为实现这一目标，必须运用规范分析的方法，对社区社会组织公共服务质量测评的基本理论与实践进展、社区社会组织公共服务质量测评的价值和内涵、社区社会组织公共服务质量测评研究中存在的问题等进行规范性的探讨。建立社区社会组织公共服务质量测评体系是一项复杂工作，因此必须采用科学的方法来分析社区社会组织公共服务质量的基本维度。本书将采取以下方法对社区社会组织公共服务质量测评体系进行研究。

（1）文献研究法。文献研究主要通过分析现有文献资料来探讨和分析各种社会行为及社会现象。本书通过对现有文献的梳理和整理，建立研究框架，并对相关研究进行补充和扩展。本书将借助现有的文献数据库，收集整理现有国内外对于社区社会组织公共服务质量评价的相关研究，并在此基础上有选择性地对相关文献进行深入分析，发现当前研究领域的不足和值得探索的空间，从而提出本书的论点并建立研究框架体系。

（2）德尔菲法。德尔菲法亦称专家调查法，即通过匿名的通信方法收集、征询专家的意见，然后将结果反馈给专家，专家根据汇总的综合意见再次修改自己的意见并进行反馈，通过这种方式，最终形成一个较为一致的意见。由于专家间没有横向联系，所得结果较为可靠。

（3）结构化访谈。结构化访谈也称标准化访谈，允许高度控制访谈过程，从而深入理解研究问题。结构化访谈对被访谈对象及访问过程都具有严格要求。在结构化访谈中，每个被访谈的对象都会被问到一系列已经准备好的问题，鼓励被访谈对象能够针对一个问题从不同的侧面进行持续回答与分析，以便有针对性地识别某一项风险。此过程通常会采用一个事先设计好的结构性问卷。

1.4.1.2 定量研究

本书将根据社区社会组织公共服务质量测评的现状与问题，对社区社会组织公共服务质量的相关因素进行分析，采用模糊综合评价法、层次分析评价模型及通行的指标评分法分别进行质量测评指标的识别和评价。本书将运用对成都市、深圳市、苏州市、合肥市以及长春市五个城市35个社区进行社区社会组织公共服务质量测评的实证研究，以此反映研究成果的应用，以及研究成果的适用性和可操作性，从而为提出构建社区社会组织公共服务质量策略奠定实证基础。所采用主要方法是层次分析法和模糊综合评价法。

（1）层次分析法。层次分析法结合了定量和定性方法，这种方法不仅允许研究者将其主观判断应用于公共服务质量的评价，而且还可以根据预先设定的指标体系和权重进行公共服务质量的定量评价。此外，它还是一种系统性的结构分析法，通过将总体目标进行合理的分层解构和重要性比较，在兼顾分析结构和运算机理基础上，最终获得每一指标的权重，显示各指标对总体目标的影响。本书将采用层次分析法计算社区社会组织公共服务质量评价各个指标的权重。

（2）模糊综合评价法。模糊综合评价法是以模糊理论为基础，应用模糊数学的原理，将评价系统中的一些定性因素转化为定量指标，然后利用多个指标对评价对象进行综合性的评价。本书将采用模糊综合评价法计算社区居民对社区社会组织公共服务质量的感知情况。

1.4.2 技术路线

本书综合运用文献收集、实地调查、问卷设计与调查、统计分析等技术手段对社区社会组织公共服务质量测评进行研究。通过收集和分析国内外政府购买公共服务方面的近期文献，为社区社会组织公共服务质量测评体系的建构提供理论基础与基本分析框架；运用相关定量方法和技术对相关资料进行分析和处理，以明确界定社区社会组织公共服务质量测评指标。此外，本书还将运用层次分析法和模糊综合评价法对社区社会组织公共服务质量进行评价。本书的技术路线如图1—1所示。

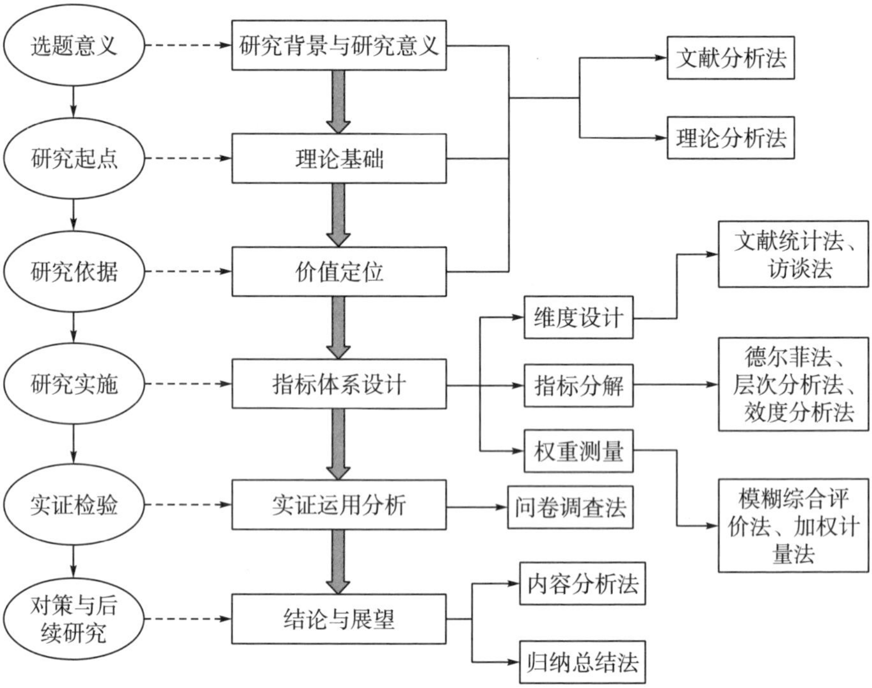

图 1-1　研究技术路线

1.5　创新之处与研究局限

本书在吸收和借鉴既有研究成果的基础上，力求有所创新。但由于研究能力与研究条件的限制，研究结果必定存在一定程度的局限性。

1.5.1　创新之处

1.5.1.1　多学科集成的研究范式创新

本书综合运用政治学、公共管理学、工商管理学、社会学等各学科的知识，研究社区社会组织公共服务供给的质量测评这一复杂问题，并采用“多流互动”与“多化协同”等研究范式对社区社会组织公共服务供给的质量进行深入分析。

1.5.1.2 多层面的相关学术观点创新

本书主张社区社会组织公共服务供给的质量研究要从“绩效范式”转向“质量范式”，提出以“人民主体性、价值兼容性、组织贡献性、服务品质性、交易廉洁性”作为社区社会组织公共服务供给质量测评的五个核心价值定位，提出社区社会组织公共服务供给质量测评的指标体系构建要基于“设计质量、关系质量、过程质量、结果质量”四个维度，提出“需求输入、过程控制、结果验证、动态调适”四个方面的质量测评结果运用。

1.5.1.3 多维度的指标体系构建

社区社会组织公共服务供给质量测评指标体系的构建，既保证效率性，又保证平衡性；既保证普遍性，又保证动态性；既保证价值性，又保证工具性，是多维度的指标体系构建。在构建方法运用上，本书采用了文献分析法、专家访谈法、德尔菲法、层次分析法、模糊综合评价法、加权平均法等，以弥补以往同主题研究技术方法单一的不足。

1.5.2 研究局限

1.5.2.1 多学科理论支撑的协同性问题

本书坚持以习近平新时代中国特色社会主义思想为指导，体现了理论支撑与学术奠基的自信，但在积极吸纳和借鉴政治学、公共管理学、工商管理学等多学科经典理论方面，仍有提升空间。而社区社会组织公共服务供给质量测评在本质上就是一个跨学科课题，如果在基础理论吸纳借鉴和学科理论融合协同上得到更多学科专家指导，能够为本书的研究打下更扎实的基础，也能够使测量的价值定位与维度锚定更加系统、全面、深刻。

1.5.2.2 数据采集的复杂性和动态性问题

在百年未有之大变局背景下，社会问题研究面临的变量更为复杂，而社会转型中的微观问题更迭加快。在这种宏观背景下，数据的采集只能限于一个时间段，而放在中长期发展阶段中很难保持稳定性。同时，作为微观“草根型”

实体的社区社会组织，其类型多样，行为及其结果波动性较大。社区作为日常生活的场域，存在的干扰变量较多，这进一步增加了获取稳定数据的难度。

1.5.2.3 测量结果的普遍解释力问题

本书为保证研究样本的代表性，在全国范围内选取了 5 个城市 35 个社区开展实证研究，但受制于客观条件，特别是面对“有多普遍才能是普遍”的极限问题，研究结果的解释力是有局限性的。从这个角度上讲，本书样本抽取的客观性和数量局限性可能会影响研究结论的普遍适用性和解释力。

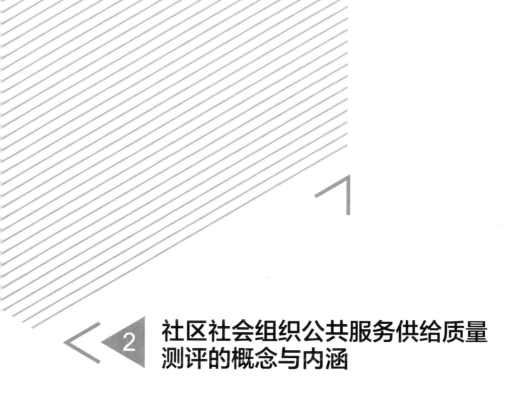

2 社区社会组织公共服务供给质量测评的概念与内涵

2.1 社区社会组织公共服务供给质量测评的相关概念

2.1.1 公共服务

公共服务研究缘起于西方，是西方公共管理领域的重要研究议题。在公共服务一词中，“公共”是对服务属性、领域的限定，“服务”是特定主体在具体领域中所实施的内容，要准确完整地理解公共服务的概念，首先需要理清“公共”与“服务”两个词的含义；其次辨析公共服务与公共产品、公益服务、政府服务、行政服务等相近概念，从而明确公共服务的边界与范围，界定公共服务的内涵。

2.1.1.1 关于“公共”的释义

“公共”一词最早出现在《史记·张释之冯唐列传》中：“释之曰：‘法者天子所与天下公共也。今法如此而更重之，是法不信于民也。’”司马贞在《索隐》中说：“公，谓不私也。”由此可以理解“公”指不偏私，或者说公平、平均之意；“共”含共同之意，合起来则指共有、公有的意思。在现代汉语的解释中，公共与私人相对，常指属于社会公有的或公用的。

在社会科学领域，“公共”一词单独使用的情况并不多见，更多的是以“公共管理”“公共服务”“公共部门”等词组形式出现，理解“公共”的含义可以从这些词组的解释入手。有学者指出，很多人把“公共”直接等同于公共部门提供的服务，即把“公共”与“公共服务”作为等同词汇。实际上应从规则的角度理解公共的内涵，公共并不是针对政府如何解决公共问题，更重要的是政府如何使规则得以遵循。在这里，将“公共”理解为政府促使规则实现和得到遵循的过程，这实际上也是对社会利益或大众利益的维护，与公共管理、公共服务等词汇的实质含义是一致的。具体到本书中的“公共服务”，“公共”对“服务”进行了领域限制，意味着服务不是针对特定个体，而是面向社会大众提供的，或者说是社会大众共有的服务。特别是在现代社会，“公共”一般由政府代表，公共服务则成为政府实现公共利益的基本途径。

2.1.1.2 关于“服务”的解释

20 世纪 60 至 70 年代，西方国家服务业迅猛发展，由此推动了关于服务的研究。对“服务”的含义，应当回归经济学、管理学等学科探寻。

“服务”一词最初出现于经济学领域。经济学围绕成本和利润展开思索，该领域中的“服务”指商品生产者提供能够满足顾客需要的有形或无形产品。早在 18 世纪便有学者对“服务”进行了定义，亚当·斯密认为，劳动对物品产生的效果可以根据是否产生价值分为生产性劳动和非生产性劳动；卡尔·马克思在提出的剩余价值论中指出，服务同一般商品的使用价值一样，是具有物质内容的使用价值，提供某项服务的劳动没有凝结在商品当中，而是直接进入了消费领域；希尔认为服务是一种状态的变化，这种变化也是劳动的成果。

管理学中“服务”的含义在一定程度上继承了经济学的解释。白瑟姆认为，服务指向他人提供其自身没有能力自我提供或不愿意提供的利益满足活动；莱蒂宁认为，服务是通过一种或者一系列的活动，在服务提供者与顾客互动中完成，达到使顾客满意的效果；格罗路斯提出，服务是一系列具有无形性的活动组成的过程。发展至今，管理学领域中的服务一般也是与其他词语连用，比如公共服务、政府服务、公益服务等。

由上可知，服务与产品具有紧密的联系，服务是商品经济发展到一定阶段后出现的新事物。正如一些经济学者所作的形态上的划分：服务是无形的，而产品是有形的。本书更倾向于采纳管理学中的一般性解释，即服务是一种满足服务对象利益需求的内容载体，且与产品深度融合，体现为一系列的过程或活动。

2.1.1.3 关于“公共服务”的理解

（1）公共服务与相近概念的辨析。无论是在中国还是在西方国家，公共服务都是存在已久的历史事实，只不过作为一个明确的学术概念出现则是近年来的事情。尽管如此，在较长一段时间里，学界对公共服务的概念存在一种泛化理解，即将公共服务和公共产品、公益服务、行政服务和政府服务等概念混淆使用。为此，要准确理解公共服务的概念，有必要对它与相近概念进行区分。

其一，公共服务和公共产品。一直以来，有观点认为公共服务就是公共产品，即这种观点将二者视为可替换的或等同的同义词，认为公共服务就是提供公共产品。但也有不少学者认为两者并不相等，他们的观点主要有两种：一种是从有形和无形的角度区分公共服务和公共产品，认为公共服务是无形的和非实物的，而公共产品是有形的；另一种认为公共服务的范围大于公共产品，还包括部分特殊的私人产品。从学科属性来看，虽然两个概念有交叉，但分属于经济学领域和政治学领域两个不同的学科。

其二，公共服务和公益服务。公共服务和公益服务两个概念虽在字面意思上相近，在特定场合确实可以互换使用，但是二者之间依然存在明显的区别。公益服务的适用范围要比公共服务更广泛，在以下场合通常使用公益服务而非公共服务：一是志愿者或者慈善组织提供的服务，二是为了突出事业单位提供的服务，三是非营利组织提供的服务。这些服务都具有公益性质，通常无须大众付费，因此使用“公益服务”更能突出其特点。因此，具有公益性质的公共服务可以表述为公益服务，公益服务的适用范围比公共服务更广。

其三，公共服务和政府服务。国内外对公共服务概念的研究有所不同，国内学者也对公共服务和政府服务进行了区分。一方面，有观点认为政府服务包括了公共服务，将政府在服务型政府背景下履行职能、处理和管理公共事务的全部服务统称为政府服务。这一概念包括经济调节、市场监管、社会管理和公共服务四项基本职能，其中公共服务实际上只是政府服务中的一个方面。另一方面，有观点认为政府服务是狭义上的公共服务，现代政府在履行公共职能方面有三种方式：政府直接生产，通过补贴的方式为消费者付费，监督其他提供者。在这种观点下，政府服务只是其中一种方式，只属于公共服务的一部分。无论是前述的第一种观点还是第二种观点，都认为公共服务和政府服务两个概念并不等同。

其四，公共服务和行政服务。行政服务指行政服务中心为满足社会大众的需求提供的综合性服务，是包括收集信息与咨询、审批与收费、管理与协调、投诉与监督于一体的综合性服务，在提供主体、服务范围、服务性质和服务内容几个方面均与公共服务的概念存在差异。从提供主体来看，行政服务由行政服务中心这一政府行政服务机构提供，其主体与政府一致，而非其他主体（如企事业单位、社会组织）提供的公共服务。从提供内容来看，行政服务仅是政府公共服务的一部分。从提供目的看，行政服务旨在满足企业与公民的综合性行政业务需求，而公共服务则满足全体公民在不同发展阶段的生存和发展方面的基本和共同需求。

（2）公共服务的内涵。国内外对于公共服务的理解主要有以下几个方面：一是西方经济学中认为公共服务和公共物品、公共产品是等同概念，遵循用物品特性解释公共服务的思维逻辑，萨缪尔森将物品分为公共物品和私人物品两类，其中公共物品具有几个特征，包括非竞争性、非排他性、无偿性和不可分割性。二是有学者将公共服务定义为政府责任的体现，认为政府是公共服务的唯一提供主体，代表学者如狄骥。我国政府职能中公共服务的概念，即提供公共产品和服务，也符合这一标准。三是从公共利益出发，将公共服务定义为政府通过公共财政生产社会所需服务或利用公共权力维护社会秩序和公共利益的过程。

在我国语境中，公共服务的概念是从国外引进的。2002 年政府工作报告中首次提到“公共服务”这一概念，报告强调“加快转变政府职能……必须进一步解放思想，彻底摆脱传统计划经济的羁绊，切实把政府职能转到经济调节、市场监管、社会管理和公共服务上来”。自此之后，“公共服务”一词才成为我国官方和学界的关注重点。2004 年，温家宝在省部级主要领导干部“树立和落实科学发展观”专业研究班结业仪式上讲话时指出：“公共服务就是提供公共产品和服务，包括加强城乡公共设施建设，发展社会就业、社会保障服务和教育、科技、文化、卫生、体育等公共事业，发布公共信息等。”这一解释是我国官方和学界对公共服务概念认可度最高的来源。本书综合了国内外学界以及我国的有代表性的解释，以梳理出理解公共服务概念的基本要点。

第一，公共服务有名词和动词、狭义和广义的区分。公共服务在作为动词时，通常与“提供”等动词搭配，例如“提供公共服务”；而作为名词时，它与经济调节、市场监管和社会管理一起，构成政府的四大基本职能。同时，有学者指出，“提供公共产品和服务”这一表述省略了一些成分，更完整的定义应是“提供公共产品和服务的过程（或行为、活动）”。这一观点强调，在我国语境中的公共服务应作为动词表述，并且是一个动态持续的过程，而非单纯的静态产品或服务。此外，有学者对公共服务的概念进行广义和狭义的区分。在广义上，公共服务包含政府的四大基本职能；而在狭义上，公共服务特指政府四大基本职能中的公共服务职能，涵盖了前文提到的教育、就业、医疗和住房等领域的服务。

第二，公共服务和公共产品并不是等同概念。公共服务包含了有形的产品和无形的服务两种形式，如既包括城市中供市民使用的公园，也包括社会秩序，公共服务比公共产品涉及范围更广泛。有学者对这一点进行了补充和反思：一方面，公共服务的具体内容不仅包括具有非排他性和非竞争性的公共产品，也涵盖特殊情境下的私人产品；另一方面，公共服务并不仅仅因为是政府的一项基本职能就限定了政府为其唯一提供主体。其提供主体可以是政府，可以是社会组织或特殊私人组织。因此，仅从政府职责的角度来界定公共服务概念的方法是不准确的。

第三，公共服务的概念界定有特定标准。一是公共服务的本质属性是公共性，决定了公共服务应维护和保障公共利益，这是其价值标准。二是公共服务有功能标准，即提供公共服务的目的是满足社会大众的公共需求，这包括公民在生存、生产、生活、娱乐和发展等方面的基本需求。三是公共服务具有过程和关系标准。尽管提供公共服务的主体不仅限于政府，但政府是责任主体。因此，过程标准就是指服务提供过程中借用公共权力、配合公共政策、配置和实施公共资源。同时，提供公共服务是政府的责任，享受公共服务也是公民的一项基本权利。从权利义务的角度看，公共服务是政府和公民之间关系的桥梁，即公共服务的关系标准。

第四，公共服务的分类有多种标准。从政府职能角度看，毛寿龙（1998）将公共服务分为基础性公共服务、经济性公共服务、社会性公共服务和公共安全性服务，李军鹏（2007）将公共服务分为维持性公共服务、经济建设服务和社会服务三类；基于公众需求的角度，公共服务可分为保障性公共服务和发展性公共服务；根据公共物品性质，马庆钰（2005）将公共服务分为纯粹性公共物品服务、混合性公共物品服务、私人公共物品服务；按照服务领域分，沈荣华（2007）认为公共服务包括公共教育、基础设施建设、公共医疗、公共交通等。

综上，本书在我国的主流语境下理解公共服务的内涵，并将公共服务界定在狭义层面，以此与我国公共政策和学术研究中常用的“基本公共服务”概念保持一致。在此意义上，公共服务的概念可以界定为：社会公民基于共同的社会物品、社会服务和社会利益的需求，让渡出一定的权力用于公共权威调配和使用，并由公共权力部门承担公共资源优化配置的过程和行为。根据该定义及上文分析，可以把公共服务的内涵总结如下：第一，公共服务的本质属性是公共性，具体包含公民性、公益性、公平性和公开性，从而保证公共价值、公共利益、公共产品、公共关系、公共环境的一致性。第二，公共服务的提供主体是公共部门。公共部门进行公共资源的优化配置是基于对公民让渡出的权力的运用和责任的承诺。尽管市场和社会力量都可以参与公共服务过程，但从逻辑起点到结果终点的权责关系并没有根本性的变化。第三，公共服务的目的在于保障公共利益。公共利益的保障不在于某个人或某群体的利益诉求及满意度，而在于社会“绝大多数人”的诉求和满意度。这正是公共服务的价值使命所在。第四，公共服务的形式是动态和静态的结合。在动态层面，公共服务是公共产品产出和服务实施的过程。在静态层面，公共服务是可以具体化、外物化、概念化的公共需求。

2.1.2 社区社会组织

相较于社区和社会组织，社区社会组织是一个新的概念，它具有二者的原有本意，但又具有其自身独有的含义。本书致力于对社区社会组织公共服务供给质量进行测评研究，这就要求我们对社区社会组织进行明确的定位和准确的理解，需要从“社区”和“社会组织”这两个概念入手。

2.1.2.1 “社区”的定义

对社区社会组织概念的完整理解需把“社区”一词作为起点，“社区”的概念最早是1887年由滕尼斯在其著作《共同体与社会》中提出，他把社区界定为具有相同价值观和较强人口同质性的社会共同体。受到滕尼斯的影响，费孝通（2006）提出了社区的定义，即在一定地域范围内，若干社会群体和组织聚集并相互关联形成的集体。自20世纪80年代末的城市体制改革以来，我国大力推进社区建设事业，社会结构逐渐由单位制向社区制过渡。2000年，民政部发布的《〈关于在全国推进城市社区建设的意见〉的通知》指出，“社区是指聚居在一定地域范围的人们所组成的社会生活共同体”，并将城市社区的范围定位为“经过社区体制改革作了规模调整的居民委员会辖区”。

可以看出，在我国，社区被赋予了基层治理单元的意义，更侧重的是一种行政性社区或者制度性社区，而非传统意义上依靠血缘、关系、文化等建立起的自然性社区。本书中对社区的讨论也是基于此概念，但不强调社区的行政性边界，同时考虑了认同感、文化等其他社区要素，以更贴合当前我国社区发展的实际情况。概括而言，社区具有如下特征：一是空间区域性，即社会生活共同体处于一定地域范围的居住生活空间。二是价值趋同性，即社区内的居民通常拥有相同或相近的价值观念与行为规范。三是开放性、流动性和异质性。随着经济社会的发展变迁，社区成为边界模糊的区域范畴。社区内的人口、信息、资源、权力、结构、价值观念、文化习俗等要素与外部环境不断发生变化和流动，这种高度的流动性增强了社区的异质性，从而增加了社区治理的难度和挑战。

2.1.2.2 “社会组织”的解释

在对社区的概念进行明确解释的基础上，还必须理清社会组织的内涵。社会组织指除政府和企业以外的“第三方机构”，包括在各级人民政府民政部门登记注册的民间团体、基金会、民办非事业单位等。一种比较典型的观点认为社会组织是“不以营利为目的，不拥有强制的行政权力，由一定社会成员基于自愿和共同的目标而组成的，具有良好的自我运行、自我管理和自我服务的各类组织，是政府和企业之外的第三部门”。许多学者从社会组织的特性出发，将社会组织定义为“通常扮演着具有自治性、民间性、福利性与服务性角色的组织”“具有非营利性、公益性和互益性并提供社会公共服务的特殊组织”“向社会某个领域提供社会服务，并具有公益性、非营利性、自治性、志愿性等特点的组织机构”。此外，还有学者从社会组织的角色与功能定位出发进行界定：“社会组织指在政府、市场、社会之间发挥服务、沟通、协调、公证、监督等作用的非政府、非营利性的组织。”

在上述讨论的基础上，学界逐渐达成了社会组织具有广义和狭义之分的基本认识。在广义层面，社会组织是为了实现特定的目标而有意识有目的地组织起来的群体；而在狭义层面，社会组织则指的是为了社会公共利益，成员自愿参与，并为了实现共同目标而进行自我管理和服务的组织。对社会组织进行解释时，还应注意社会组织与社区组织的区别。社区组织是对活动范围或区域有所限制的社会组织，指以社区为活动区域的社会组织，社区居民是参与主体，包括社区自治组织、社区党组织、社区社会组织等。

2.1.2.3 社区社会组织的内涵

社区社会组织发育并成长于社区，在社区治理中发挥着重要的作用。尽管在本质上社区社会组织与社会组织存在一些共通之处，但在内涵、范围和类型上仍存在细微的差别。

（1）社区社会组织的概念。学界对社区社会组织概念的界定并没有达成共识，认为它是一个比较具有中国特色和地域特色的概念。2017 年，民政部颁布的《关于大力培育发展社区社会组织的意见》对社区社会组织的概念进行过界定：由社区居民发起成立，在城乡社区开展为民服务、邻里互动、公益慈善、文体娱乐与生产技术服务等活动的社会组织。一些学者对社区社会组织的概念进行了不同的探讨。吴素雄（2015）等认为，社区社会组织之所以出现，是因为市场经济的发展赋予了社区服务功能，社区的行政性和单位性减弱，从而成为社区居民利益的整合点并由此产生了大量的中介性质的社区非营利性组织。张云熙（2015）认为，社区社会组织就是以社区中的个人或者组织为活动主体，以满足社区居民的各类需求为目的，在社区范围内举办并开展各类活动的非营利性组织。王名（2013）认为，社区社会组织可分为广义和狭义两种。广义的社区社会组织指除政府组织、政党组织之外活跃在社区中的民间组织；狭义的社区社会组织指随着社区功能完善而发展起来的，以社区为活动范围，以社区居民为主体，以满足居民需求为目标，介于社区个体组织和居民个体之间的一种组织类型。康晓强（2009）认为，社区社会组织指在社区范围中，由个人或者组织通过单独或者联合的形式举办的，在社区范围内开展各类满足社区居民需求的活动的自发性组织。

可见，不同学者对社区社会组织的概念界定在活动范围、性质和组织目标等方面都很相似，可以将社区社会组织概括为在社区范围内生成，由社区居民自愿参与并服务于社区居民的需求的一种非营利性组织。从该定义可以看出，社区社会组织与社会组织、社区组织具有一些共同特征，即社区社会组织是社区组织的一种类型，社区社会组织的概念与社会组织和社区组织有交叉的部分，但又具有自身独特的性质和特征。

（2）社区社会组织的特征。社区社会组织除了和社会组织、社区组织具有的民间性、非营利性、成员参与自愿性等相同特点，还具有其独特的性质，包括社区性、灵活性、本土性、松散性和小微性。

一是社区性。尽管学者对它概念的界定并不一致，但共同点是都认为它是发源于社区领域中并以社区为活动范围和区域，并且主体是由社区居民构成的。这表明社区社会组织是具有地域和主体限制，活动范围是在社区范围之内，组织成员是本社区居民。二是灵活性。这一特征体现在多个方面，包括社区社会组织的形式、管理方式、活动方式等，社区社会组织既可以是正式的组织也可以是非正式的组织，既可以是正式登记的也可以是备案管理的；它们可以进行定期的活动，也可以灵活应对不定期的需求。此外，社区社会组织相较于政府组织而言更接近居民生活，能够更灵活准确地发现居民的需求。三是本土性。这个特征是相较于外来社会组织而言的，社区社会组织发源且根植于社区内部，能够及时发现居民需求，主要通过利用本土性社会资源为居民提供公共服务。四是松散性。社区社会组织的管理缺乏正式的规章制度，组织成员的准入门槛低，活动方式和类型简单分散，由此容易导致组织成员对社区社会组织缺乏认同感，降低社区社会组织的凝聚力。五是小微性。社区居民是庞大的群体，其需求具有多样化和不确定性的特点，因此社区社会组织提供的服务也随需求而变，服务具有多样性的特征，使得社区社会组织被迫划分为多种类型的微型化组织，以更好地满足居民的需求。

（3）社区社会组织的分类。按照不同的分类标准，社区社会组织有多种分类方式。一般来讲，社区社会组织可以基于街道办或居委会对其管辖范围的不同，分为社区社会团体、社区民办非企业单位、社区基金会和传统党群组织等几种类型。夏建中（2011）根据社区社会组织是否具备合法地位或是否进行注册备案将其分为正式注册类组织、在街道或社区备案类组织和尚处在发育中的组织。值得注意的是，正式注册的社区社会组织发育程度也是最高的。毛佩瑾、徐正等（2017）在继承史密斯的分类基础上，扩展了划分类型，将社区社会组织分为公益类组织、互益类组织和综合类组织三种类型。李雪萍、曹朝龙（2013）根据组织的目标及特点，将社区社会组织划分为文体活动类娱乐型组织、志愿服务类组织、利益代表型维权组织。刘振、朱志伟（2018）依据“目标—结构”维度将社区社会组织分为维权类社区社会组织、社区新社会组织、文体娱乐类社区社会组织、志愿类社区社会组织等四种类型。此外，一些地方政府的政策文件也对社区社会组织进行了分类。例如，2016 年广州市民政局发布的《关于培育发展社区社会组织的意见》将社区社会组织划分为公益慈善类、社会事务类、社区服务类、文化体育类、议事协调类五种类型。综上来看，现有采用最多的标准是按照服务内容进行分类，虽然具体类型及表述不一，但大都包括慈善公益类、促进参与类、生活服务类、权益维护类和文体活动类等。

2.1.3 社区公共服务

社区公共服务发源于中国本土实践，西方学界与之相似的概念是社区照顾、社区发展、社区工作等。作为公共经济学的基本概念之一，学界对公共服务的研究也十分丰富。然而，将社区公共服务限定在社区这一特殊场域下，它所形成的新内涵与新外延需要进一步界定。

2.1.3.1 关于“社区服务”的定义

社区服务在我国提出时间更早，实践发展也更为全面。1986 年，民政部在全国社区服务工作座谈会上首次提出了社区服务概念，并要求在全国城市社区开展社区服务的工作要求。民政部给社区服务的定义是“以城市街道、居民委员会为依托，依靠社会力量兴办的实行自负盈亏管理的社区型社会福利设施和社会服务网络”。此后，我国陆续出台了关于社区服务如何组织管理、发展提高等方面的相关文件，在全国范围内推动了社区服务的实践进程。经过四十余年的发展，我国已经基本建立了区、街道、居委会三级社区服务体系。

学界对如何理解社区服务的讨论一定程度上呼应了社区服务在国家政策层面的发展。高鉴国（2006）认为，在理念上，社区服务被界定为社会保障制度的组成部分或社会福利工作，但在实际操作中，它更多地具有商业性服务和社区成员互助活动的性质。王先胜（2005）指出，所谓社区服务指在政府的领导下，发动和组织社区内的成员开展互助活动，解决本社区的问题，其目的在于调解人际关系，缓解社会矛盾，创造一个和谐、良好的社会环境。陈雅丽（2007）综合以上观点，指出社区服务是由政府、社区组织、志愿者等所提供的，具有社会福利性和公益性的社区社会服务，以及社区居民之间的互助性服务。从广义层面入手，张邦辉、吴健等（2019）认为社区服务是“由政府、社区居委会等其他各方力量直接为社区居民提供的集公共服务、政务服务、便民服务、志愿服务为一体的综合服务体系”。关于社区服务与社区公共服务，有学者认为二者并无本质区别，并遵循社会学上的通用解释，将社区服务定义为各种社区力量直接为社区成员提供的公共服务和其他物质、文化、生活等方面的服务。本书认为，社区服务与社区公共服务都具有社会福利性，都是为了满足社区居民多元化需求。但在消费形式上，较之无偿性的社区公共服务，社区服务还包括营利性的低偿服务，也即社区公共服务是社区服务中具有公益性、非竞争性的一部分。

2.1.3.2 关于“社区公共服务”的理解

前文对社区以及公共服务的明晰定位有助于深化对社区公共服务的认知。社区公共服务并不等于社区与公共服务的机械组合或简单叠加，而是在我国社区服务与社区建设的过程中打上了深刻的实践烙印。国内学术界围绕社区开展的相关研究已有二十余年，当前这一研究领域仍然受到学者青睐。杨团（2001）首次提出了社区公共服务这一新概念。她指出“社区公共服务是以社区为单位提供的社会公共服务”，是“现代社会为了社区的需要而提供的社会公共服务，以及社区本身为满足自己的需求自行安排的共有服务”，并就为什么使用这一词做出了解释：“上可承接社会公共服务，体现着向社区的主动延伸，下可衔接社区内部的自治型服务，体现着社区自治意识和能力发展的空间，从而可能构建一个包容量很大的、以社区为核心的社会公共体系”。杨团从既有的公共产品理论出发，对这一概念进行界定，既体现出彼时中国社区服务与社区建设的实践取向，也具有深厚的学术思虑，试图找到促进社区公共服务可持续发展的体制和机制。

沿着这一思路，国内学术界不断丰富和拓展社区公共服务的内涵。高鉴国（2006）从词义表达的角度出发，将社区公共服务简明定义为“以社区为基础的社会公共服务”。他将关注点放在“社区”上并提出了理想模式下社区公共服务应具有的三大特征：由“社区的”和“社区内的”公共服务组织来提供、依托“社区的”和“社区内的”公共设施来实施以及满足“社区的”和“社区内的”公共需求。此后，大多数学者将社区公共服务视为一种公共产品，从经济学供需角度对它进行解读。耿云（2008）从社区公共服务的需求原理出发，将社区公共服务界定为“由政府、自治组织、非营利组织、志愿者以及其他社会组织为满足社区公共需求而提供的社会公共服务”。李凤琴（2012）在综合国内外研究的基础上，指出社区公共服务就是指各种行动主体在社区范围内，以实现城市的可持续发展为目标，以不断满足社区成员的物质、文化、生活需要而提供的社会公共服务，以及社区为满足社区成员的不同需求而自行安排的共有服务。孙彩红（2015）结合地方政府的公共服务职能和社区发展现实，把社区公共服务界定为在政府主导（协调、整合）下，政府、社会、市场领域的多元主体为满足社区居民多样化多层次需求而提供的公共服务。于洋航（2019）将城市社区公共服务定义为以城市社区为单位的多元主体共同提供的，以满足社区居民多元需求的多样化的社会服务。

以上研究在对社区公共服务进行界定时，除了关注服务本身，还将服务供给方与需求方嵌入进来，使得社区公共服务这一概念更加具体化。同时，对社区公共服务这一概念的界定主要停留在静态层面，即将社区公共服务视为一种公共产品。近年来，陆续有学者从动态性视角出发，指出当前社区公共服务实际上是社区多元主体（如政府部门、社会组织、社区自治力量等）向社区居民供给其实际所需，实现社区公共事务合作治理的活动。

本书综合学界已有研究及上述分析，把社区公共服务定义为：在社区这一场域下，社区多元主体（基层党委和政府、企事业单位、社区社会组织、自治组织、居民个体等）运用公共权力、整合公共资源、调动社区力量、促进社区参与等，以有形产品和无形服务为表现形式，提供满足社区居民多样化公共需求的公共服务。该定义包括以下内涵：第一，社区公共服务的载体和平台是社区。社区作为最基础的社会单元，为社区公共服务提供了空间。第二，社区公共服务的提供主体具有多元性，包括基层党委和政府、企事业单位、社区社会组织、自治组织、居民个体等。社区公共服务是这些多元主体合作提供的结果。第三，社区公共服务的对象包括社区组织（作为社区公共服务提供主体的社区组织同时也是服务的接受者和享有者）和原子化的社区成员（即社区居民个体）。第四，社区公共服务的核心要求是满足社区居民多元化、多层次化、异质化的公共服务需求。第五，社区公共服务的外在表现既包括静态层面的有形产品和无形服务，也包括提供有形产品和无形服务的一系列活动、过程和行为。第六，社区公共服务的提供过程与方式体现为运用公共权力、整合公共资源、调动社区力量、促进社区参与。第七，社区公共服务的本质属性是公共性，即增进和实现社区公共利益是社区公共服务的根本价值取向。

2.1.4 质量测评

质量测评最初源于企业管理实践，其目的是按照既定标准对企业管理各方面进行测量和评价，发现存在的问题并提出改进措施。这是增加企业竞争优势、提升企业综合发展能力的重要途径。在公共部门中，质量测评的运用最早可以追溯到新公共管理运动，这是因为工商业的管理技术和手段被不断应用于政府管理之中。全面质量管理在公共部门中的引入使政府体制改革朝着新的方向前进，政府全面质量管理要求政府以质量为中心、以全员参与为基础，旨在满足社会公众的需求，使政府所有成员和社会受益。为了更充分、更全面、更准确地理解质量测评的含义，有必要在分析“质量”和“测评”两个概念的基础上界定质量测评的概念和内涵。

2.1.4.1 关于“质量”的内涵

质量是一个看似简单却十分复杂的概念。国外学界对质量的探讨或许有助于加深对它的认识。关于质量的定义有六个不同的视角：超凡观、产品观、用户观、价值观、生产观、顾客观。1931 年，休哈特首次将质量定义为产品良好的程度，将它基本等同于卓越，他把提供衡量或评估质量的手段作为决策的依据。1950 年，质量管理大师戴明认为，一项产品或服务对人们是有用的就是有质量的，即将有用性等同于质量。1974 年，朱兰从顾客满意的角度来定义质量，即产品适用性。1979 年，克劳斯比认为，质量意味着符合要求，测量绩效的唯一指标就是质量成本。1961 年，费根保姆也将质量成本作为一种测量和评价工具，将质量视为需要组织中每个成员都参与的战略性经营工具。20 世纪 70 年代，田口玄一认为，质量是产品出厂进入市场后给社会带来的损失程度，其中“社会”主要指顾客及利益相关方。1978年，美国国家标准学会和美国质量学会对“质量”这一术语进行了规范：反映产品或者服务满足特定需求的能力所具有的特征和特性的集合。

在吸收和整合国际质量领域有关质量概念观点之后，国际化标准化组织（International Organization for Standardization，ISO）制定的ISO 9000标准把质量定义为“一组固有特性满足要求的程度”。这一定义具有极强的通用性，可用于诸如企事业单位、社会团体以及政府等公共部门的管理和运用。有学者从ISO定义解构出质量的三个关键方面：一是质量特性，指蕴藏在质量载体中满足相关规定要求和相关方要求的固有特性；二是质量要求，指围绕质量载体制定的相关规定要求和相关方针对质量载体提出的要求；三是满足程度，指质量载体中的固有特性满足相关规定要求和相关方要求的程度。同时，质量可以划分为主观质量和客观质量、过程质量和结果质量。其中，客观质量指质量载体中的固有特性满足相关规定要求的程度，主观质量指质量载体中的固有特性满足相关方要求的程度，过程质量是质量载体在其“过程”中的固有特性满足质量要求的程度，过程质量是质量载体在其“结果”中的固有特性满足质量要求的程度。

本书综合了上述ISO的质量定义以及质量内涵的解释，对社区公共服务的质量进行了探讨。社区公共服务质量指的是社区公共服务的提供过程和结果，涵盖了满足相关规定要求和社区相关方要求的程度。同时，社区公共服务质量是主观质量（社区居民的主观感知）和客观质量（体现为符合客观技术指标的程度）的统一体，也是过程质量（社区公共服务“如何提供”的质量）和结果质量（社区公共服务“提供什么”的质量）的统一体。

2.1.4.2 “测评”的含义

在质量测评中，质量是测评的对象，明确质量的含义之后应对测评本身进行解读。在当代，测评一词仍然有广泛的运用领域，我们常见的包括心理测评、能力测评、风险测评等。学界对测评概念的解读，大多将测评拆分为“测”和“评”。比如，唐杰、吉俊民（2001）指出，测评一词包括两重含义：一是测量、测试，即以量化的方式对人的能力倾向、个性特征进行测试；二是评定，即以定性的方式对人的上述内容进行鉴定或判定。因而，测评这一概念把定量的方法与定性的方法紧密地结合在一起。据此，本书认为，测评是以多项指标为内容进行测量和评价。测评与测试存在语义重复，但测评的语义相较于测试更为丰富，测评可以分为两部分理解——测试和评价，既有测的功能，也有评的表达。测评更注重测试的技术和操作过程，比如能力测评指对从事某项工作的人的一般能力或专业能力进行测试的工具和操作程序。

2.1.4.3 关于“质量测评”的理解

质量测评，就其字面含义而言，指的是对某一具体对象质量的测量与评价，旨在实现其质量的改进或提升的动态过程或行为。目前学界围绕质量测评开展的研究已经相当广泛，从最初的企业管理逐渐延伸到医学、食品、教育、文卫、科研、信息技术等众多领域。

质量测评研究在公共部门的应用也成为当前公共管理学界的重要议题，学者们尤其关注公共部门服务的质量测评。白长虹、陈晔（2005）以天津公用服务企业为实证调研基础，从顾客视角出发构建了包含服务提供质量和服务过程质量两大维度的公用服务质量测评模型。张金成、吕维霞（2008）详细介绍了顾客导向的政府服务质量测评，对西方学界相关研究从理论渊源到测评方式以及模型进行了梳理，试图构建符合改善政府与公众信任关系的测评体系。随着质量测评的理论研讨，围绕它进行的实证研究也陆续展开，董丽（2012）、王燕、罗秀秀（2013）、张延君（2019）等分别就电子政府服务质量、公共蓄车场服务质量、公共文化服务质量等进行了相关的测评研究。此外，在以“公共服务质量测评”为关键词在CNKI检索时，发现相当数量的文献也以“质量评价”为篇名。通过仔细阅读对比两类文章，发现在文章结构、内容等方面较为相似。从吕维霞（2010）在《论公共对政府公共服务质量的感知与评价》一文中对这两个词的使用来看，“质量评价”与“质量测评”在词性表达上几乎是一样的。董丽（2015）在其博士论文中指出，“质量评价作为一种重要的测评方式”，“政府公共服务质量测评应当根据具体情况采用不同的测评指标体系”，“借用市场营销学领域的质量评价模型和方法对公共服务质量进行测评，如感知质量模型、感知绩效模型、满意度模型等”。综合观之，学界并未严格区分“质量测评”与“质量评价”，在内容上基本包含测评/评价理论基础、测评/评价模型选择、测评/评价指标体系构建、测评/评价结果分析等，就其表现形式而言无较大差别。鉴于此，本书对质量测评与质量评价两类研究在内容上不做区分，但考虑到前者的词性意义更为全面，因此采用“质量测评”这一说法。

当前学界并未就质量测评这一概念做出明确定义，而是将之视为一个学界公认的术语，也有少数学者将之纳入具体的研究内容中进行阐述。罗格斯大学纽瓦克分校国家生产力中心构建的七步骤绩效测评系统有助于从构成要素上来理解质量测评。该测评系统包含以下步骤：清楚界定测评项目、明晰测评目的及所需结果、选择衡量标准或指标、设立项目目标、监督项目结果实施、定期汇报项目结果、使用报告结果以改进项目。虽然上述测评针对绩效，但它是一个具有通用性的测评流程，涉及测评指标、测评结果等测评关键要素。李吉梅、宋铁英（2009）针对公共部门网站服务质量构建了评估框架，指出评价活动主要由评价主体、评价目的、评价对象、评价指标、评价时间、评价方法和评价结果这七个要素组成，是一个“定性—定量—定性”的辩证认识过程。范逢春（2014）在研究县级政府社会治理质量时指出，质量测评能够对政府社会治理行为予以引导和强化。他建议以“社会质量”为价值取向，构建县级政府社会治理测评指标体系，这是提升治理能力与质量的合理路径。沈亚平、陈健（2017）指出，公共服务质量评价不仅是测评、改善政府公共服务实践的具体行动，也是强化政府公共服务职能、加快服务型政府建设进程的重要推动力。两位学者都强调了质量测评在具体场景中可以发挥的作用和功能。

基于学界已有研究，本书对质量测评做如下界定：一定的主体基于特定的理论和方法对一定时期内的以质量为载体的对象进行测量和评价的活动，以期发现问题、提出改进措施进而实现质量提升的过程。质量测评的内涵包括以下三个方面：第一，质量测评是发生在特定领域或对象上并由相关主体实施。比如，本书的社区公共服务质量测评，其实施主体包括社区公共服务的提供者、享有者以及第三方测评组织等，并针对社区公共服务质量这一特定对象内容。第二，质量测评的手段与方法不仅包括定量的方法以实现“测量”“测试”，而且包括定性的方法以实现“评定”“评价”。第三，质量测评中的“测”与“评”具有紧密的内在联系，二者是互相依赖的统一体。其中，“测”是“评”的前提和基础，“评”是“测”的结果并为“测”提供反馈与修正。第四，质量测评本身仅是一种手段或过程，其最终目的是通过诊断质量问题或差距，改善和提升质量水平。只有将质量测量的结果运用于发现质量问题和提高质量水平，才能实现质量测评的工具理性与价值理性的有机整合。

2.2 社区社会组织公共服务供给质量测评的内涵特质

2.2.1 以公共问题为内核，对公共价值进行深度聚焦

2.2.1.1 聚焦公共问题责任内容

对公共问题的价值聚焦首先需要明晰公共问题的界限，以回应“公共问题究竟负责什么”这一命题。因为只有明确这一问题，我们才能进一步了解我国社区社会组织提供公共服务的质量究竟如何。当前我国正处于社会转型期和矛盾凸显期，大量公共问题的出现，引起了学术界的广泛关注。但公共问题一直是一个相对模糊的概念，不同学者对于公共问题这一概念的理解也是不同的，国内对于公共问题较有代表性的观点是张庆东于 2001 年在《公共问题：公共管理研究的逻辑起点》中提出的。他将公共问题定义为对社会成员公共生活造成广泛影响的社会问题，具有不可分性、公共性、广泛性等典型特征。

从纵向维度划分公共问题，可以分为全球性公共问题、全国性公共问题、地区性公共问题、社区性公共问题；从横向维度划分，则可以分为管制性公共问题、基础性公共问题、服务性公共问题、保障性公共问题。纵向维度的划分，明确了不同层次管理主体在公共问题中的责任范围与作用空间，而横向维度的划分，说明了不同性质社会主体对不同性质公共问题的功能作用与负责内容。具体而言，在社区社会组织公共服务供给质量测评中，必须做到三点。

第一，准确界定责任领域和界限。从政治层面和行政区划的角度看，公共问题越是在更高层级和更大范围来呈现，公共影响力就越广泛和深远，公共问题的解决也就具有更强大的正当性。社区层面的公共问题具有受众狭隘、公私交织、内容特殊性以及关注度不高等特点，因此需要明确社区多元主体的责任领域。地方党委政府和基层自治组织承担着宏观公共职责向基层延伸的角色，是在解决公共问题上国家法定权威的体现。各类私营部门和非营利组织参与解决社区公共问题，体现了市场力量和社会资本在社区层面的渗透。最重要的是

社区居民，他们是公共问题的影响者，也是解决公共问题后的直接受益人。如果将社区居民组织起来，他们可以从客体变为主体，成为解决公共问题的执行者和参与者。同时，社区的公共问题具有特定的界限，不同的社区需要解决的公共问题的优先偏好各不相同。社区公共问题无法完全上升到上一级的政治层面，除非这些问题在各个社区都具有共通性，产生了足够的政治影响力。

第二，努力提升社区居民的“三感”。根据公共问题横向维度的划分，社区社会组织公共服务供给质量测评主要关注服务性公共问题，这类问题要求将社区居民作为直接服务对象，以满足社区居民需求为核心目标。进入新时代，伴随着高质量发展理念的贯彻落实及基本公共服务均等化的持续推进，公共服务高质量供给将成为整个“十四五”期间的工作重心。而高质量发展以满足人民多样化、多层次、多方面的需求为导向，就是要求社区社会组织公共服务供给坚持以人为本，创新供给手段，重心由“重投入—产出”向“重公众满意度”拓展，并将它作为重要的测评标准，在整个环节中不断进行对比、纠偏、矫正，更好地提升社区居民的幸福感、获得感和安全感。

第三，创设更加美好的公共生活体验。公共服务质量测评的制定与完善，应将公共服务供给的可及性和便利性等需求要素纳入考量范围之内。具体而言，在社区社会组织公共服务供给质量测评中，一方面通过政府、社区社会组织与社区居民之间的持续良性互动，确保社区居民真切感受到自己的主体地位，实现知情权、参与权、表达权及监督权的保障与落实；另一方面，测评要在宏观层面掌握社区社会组织公共服务供给的投入与产出，在中观层面了解供给的品质与绩效，在微观层面把握社区居民对公共服务供给的评价与建议，从而明确差距与短板，为公共服务供给质量的持续改进提供依据。这样有助于满足社区居民多样化、差异化、高标准的公共服务需求，从而让居民更好地体验高品质的社区公共生活。

2.2.1.2 聚焦公共问题责任主体

在明确公共问题的责任内容后，还需要明确社区社会组织公共服务供给质量测评的主体。在推进社区治理现代化背景下，现代化的内涵更多体现在治理结构的多元化、治理理念的民主化和治理成本的效能化上。具体到社区公共服务供给，一是在公共服务供给结构方面，应从基于传统“命令—控制”逻辑的政府单一供给公共服务线性结构，转变为基于“信任—合作”逻辑的多元主体供给公共服务网络结构。二是在公共服务供给理念方面，不再强调政府强力干预的威权主义，而是更加重视社区自治空间，树立吸纳多元主体参与的民主理念。三是在公共服务供给成本方面，政府也应从只注重于公共服务供给的效率，向实现社区公共服务供给成本的效能化方向发展。

正如委托—代理理论无法避免信息不对称这一最大困境，政府在向社区社会组织购买公共服务的过程中也难以避免这一天生的缺陷。即使政府对社区社会组织供给进行全程监控，也因为在外包过程中处于“劣势地位”，难以保证社区居民对公共服务多层次、差异化的诉求得到切实的满足。更何况现实中，一方面部分政府只重视事前服务供给合同的签订，事中事后监督常常处于“监管真空”状态；另一方面部分政府又只重视供给的效率，忽视实际供给效能。外加社区居民自治空间的不足，制度化反馈渠道的欠缺，更是让社区居民只能成为社区公共服务供给被动的接受者。在这种情况下，很难适应高质量发展语境下的要求，即在公共服务供给过程中实现多元主体权利的质量建设，更难在新时代背景下实现社区居民对高品质美好社区生活的追求。

在社区社会组织公共服务供给质量测评中，测评的主体包括施行主体和参与主体。施行主体主要由政府的相关职能部门和专业测评机构组成，而参与主体则涉及基层各部门和社区居民等。如何促进质量测评中的多元主体能够进行有效合作，保障测评体系平稳运行，是亟须解决的关键问题。具体而言，政府的教育、保障、卫生、民政等职能部门与专业测评机构的主要任务在于，为相关领域制定清晰的评估标准并采用统一的评估方法。基层各部门作为社区社会组织公共服务质量测评任务的直接施行方和参与方，其工作重心在于执行所在社区内的质量测评任务，并负责数据的收集、整理和上报等工作。而社区居民作为社区社会组织公共服务的接收方和最重要的参与方，在整个质量测评过程中的主要作用是提供评判标准，商讨改进建议及负责监督反馈等。

因此，社区社会组织公共服务供给质量测评将构建一个由政府、社区社会组织、社区居民和专业测评机构等多元主体共同参与的网络结构。这一结构将在信息对称的基础上，顺应公共服务利益相关者的收益预期，发展成长期战略合作伙伴关系，并在资源共享、优势互补、动态协同中共同负责公共服务全周期的各个环节，以最大限度地凝聚保障公共权利的力量，并持续推进社区的共建、共治、共享。

2.2.1.3 聚焦公共问题实现方法

对公共问题的价值聚焦除了明晰公共问题的负责内容及责任主体，还要回应公共服务供给质量测评将“怎样为公共问题负责”这一命题。目前社区社会组织公共服务供给质量测评的实践中，常常存在以下问题：一是质量测评主体工作边界的模糊性。主体工作边界的模糊性导致在公共服务供给相关环节出现问题时，承包方与供给方容易相互推责，测评结果无法得到及时反馈，质量改进进程同时受到影响，居民诉求无法得到真正的回应和满足。二是质量测评体系构建的非严谨性。我国当前对公共服务供给质量测评指标的遴选大多是以“满意度”这一主观评价为主，或专业测评机构以公共服务供给客观水平测评为主，缺乏将主客观评价指标的有效结合，在指标权重的确定方面，也较为随意，缺乏数理统计方面的技术支撑。三是质量测评周期的随意性。公共服务质量测评应该是一个全周期的过程，包括质量目标的提出、目标产出的执行、质量反馈的检查以及质量持续改进的各个阶段。但往往在实际过程中，质量测评具有一定随意性，更多只是对公共服务供给最终结果的测评，忽略了质量测评的全程性，反馈和持续改进环节更是缺乏。

社区社会组织公共服务供给质量测评应针对上述不足进行改进。第一，明确质量测评各方的工作边界，制定完备的“责任单”。在制定社区社会组织公共服务供给质量测评的“责任单”时，需要根据政府、社区社会组织、社区居民、专业测评机构等多元主体的职责功能和资源禀赋等特征进行工作边界的划分。同时，需对所涉及的具体工作事项、工作要求、主要负责人等进行细化，以确保工作边界的清晰，避免事后责任无人承担的情况。第二，建立科学全面的质量测评指标体系，形成严谨完善的“任务书”。社区社会组织公共服务供给质量测评，将以高质量发展为指导，加快建立兼顾过程和效果、主观和客观、预期和非预期、多主体和相对人、当期和未来持续的质量测评体系，并使用层次分析法及数理统计方法为各项指标科学赋值加以权重。第三，推行动态改进，绘制精准的“路线图”。社区社会组织公共服务供给的质量测评应贯穿于公共服务质量建设的全周期，围绕社区居民的新期待和高要求，实现精准的质量反馈和及时的动态改进。基于不断的问题总结和分析，对社区社会组织公共服务供给质量建设要实现的总体要求、主要任务、实施步骤、时限要求等进行持续完善，并绘制出精准的社区社会组织公共服务质量达标“路线图”，以全力推进社区社会组织公共服务供给的质量建设。

2.2.2 以现代治理为主线，对社会生活进行关照回应

2.2.2.1 对高品质公共服务的需求回应

随着我国主要矛盾的深刻变化，社区居民对公共服务提出了更高要求。他们不仅需要公共服务数量的丰富，更加注重公共服务质量的保障。2018 年，习近平主席致首届中国国际智能产业博览会的贺信中强调“努力推动高质量发展、创造高品质生活”；2020 年，《经济日报》刊载的习近平总书记的《以高效能治理的推高质量发展》一文再次提出“高质量发展、高效能治理”的命题。在迈向高质量发展的过程中，为适应社会主要矛盾的变化，顺应人民对美好生活的新期待，对社区居民公共服务的供给，不能再仅仅停留于解决“有没有”的问题上，而是要回应居民供给“好不好”的问题。

社区社会组织公共服务供给质量测评应致力于满足社区居民对高品质公共服务的需求。第一，提供质量识别的面板。运用科学化的测评方法和综合性的指标遴选，构建系统完善的社区社会组织公共服务质量测评体系，为精准识别居民公共服务需求与公共服务供给之间的匹配情况提供全面的质量识别面板。第二，将公共权威信息向社会发布。在科学、合法、严谨的原则下形成的社区社会组织公共服务供给质量测评结果，一旦向社会公开就代表了主流权威性。这种权威性为社会树立了一个样板和标杆，为测评同类社区公共服务提供了全面的参考依据。这种向社会的信息输入产生了一种非错即对的信号：与参考值相差不大的测评结果被认为是符合质量要求的，而与参考值相差巨大的被认为质量不达标。第三，为公共服务的供给提供质量保障。搭建由政府、社区社会组织、社区居民、专业测评机构等多元主体共同参与的网络结构，彼此资源共享、优势互补、动态协同，实现社区社会组织公共服务供给的效能化发展。

2.2.2.2 对热切参与公共事务的需求回应

党的十九大报告提出了“中国特色社会主义进入新时代”的全新历史方位

判断。其中新时代的“新”主要表现之一在于我国公民拥有了崭新的风貌，即以公共精神为重要尺度的国家公民素质不断得到提升，越来越多公民自觉自愿地参与公共生活与公共事务。此外，以“云大物智”为核心特征的第四次工业革命浪潮的加速演进，大数据、物联网、移动通信网络技术等的迭代发布，进一步拓展了公共领域空间，丰富了公民参与公共事务的渠道，使公众能够更便捷更热切地关注公共事务。然而，在以往社区公共服务供给质量测评过程中，常存在三点问题。一是公共服务供给质量测评的主体结构单一。社区公共服务供给质量测评主体多是政府内部测评部门或专门的测评机构，但无论选取哪种测评方式，都是以政府为主导的单向测评模式，无法真实反映社区居民对公共服务供给质量的满意度。二是公共服务供给质量测评重结果轻过程。社区公共服务供给质量测评往往是结果导向型的测评，对服务过程缺乏有效的监督与反馈。三是公共服务供给质量测评重形式轻实效。从实际测评结果看，社区居民往往因信息不对称处于被动知情状态，即便有人测评参与，往往也仅仅停留于“假性参与”层面。

社区是人的生活场域，社区社会组织提供的公共服务距离居民最近，与居民生活关系最密切。社区居民作为社区社会组织公共服务的对象，只有他们真正享有了公共服务供给信息的知情权并积极参与公共服务供给全程，才能有效提高公共服务供给的质量。社区社会组织公共服务供给的质量测评应改变以政府为主导的单向测评模式，努力提供给社区居民参与的平台，保障社区居民在公共服务供给中的基本权利，并在共治中实现公共服务质量的持续提升。此外，在公共服务供给前，应建立走访居民制度，了解居民需求的变化，提高供需匹配度；在公共服务供给中，应完善居民参与机制，回应新时代社区居民对参与公共事务的现实需求；在公共服务供给后，应建立跟踪反馈、及时纠偏的动态调整机制，保障社区社会组织公共服务供给的质量。

2.2.2.3　对推进社区精细化治理的需求回应

党的十九大提出要通过社会治理精细化来实现治理现代化的战略构想，党的十九届四中全会又再次强调，要把更多资源向基层下沉，提供更加精准化和精细化的公共服务。精细化治理最初源于企业管理中的精细化管理理念，后来被引入公共行政领域。它强调政府应改变传统的粗放式管理方式，更加注重管理的规范性、专业性和技术性。社区精细化治理，作为一种新型社区治理范式，正逐渐成为实现我国社区治理现代化的重要途径和发展的主导性策略。而随着社区精细化治理的探索演进，涵养“绣花功夫”，成为公共服务领域中不容回避的课题。

社区社会组织公共服务供给的质量测评能有效推进社区的精细化治理，不仅为社区公共服务持续改进提供了依据，还保证了社区高质量生活的持续优化。第一，贯彻社区精细化治理“以人为本”的核心价值理念。精细化社区治理是以社区居民的需求为中心，一切从居民的感受和体验出发。社区社会组织公共服务供给的质量测评，应洞悉服务需求的个性化、差异化和多元化，为社区公共服务的高质量供给提供标尺。公共服务精细化是需求导向的公共服务供给创新，社区社会组织公共服务供给的精细化需要对居民需求进行精准识别，全面了解社区居民的服务需求，力求体现社区精细化治理应有的温度和人文关怀。第二，为社区精细化治理考评提供重要参考。目前，对社区社会组织公共服务供给的质量测评缺少精细化的考核内容及标准，社区精细化治理中的“多元主体多样化监督评价”内涵也难以体现，社区精细化治理理念和内容兼容的公共服务监督评价体系更是尚未建立和落实。而在社区精细化治理中，公共服务供给质量测评最能直接反应和折射出社区精细化治理的效果，是社区精细化治理的感应器和晴雨表，也是考核社区精细化治理能力和水平的重要指标。要通过对社区社会组织公共服务供给的质量测评，为社区精细化治理的考评提供重要依据和参考，促进社区精细化治理水平的提升。第三，切实发挥质量测评对社区精细化治理的纠偏功能。精细化治理强调管理与服务融为一体，将二者贯穿于社区治理全过程之中。然而，在我国的社区治理中，政府通常处于绝对主导地位，呈现出明显的行政化倾向。在社区社会组织公共服务供给领域，主要体现为社区社会组织处于被动响应地方政府组织和动员的状态，以政府需求而非公众需求为目标。社区社会组织公共服务供给质量测评应以改善民生为导向，建立科学的质量测评体系，对服务主体的能力、效果等进行综合测评，将群众满意度作为主要评价标准，推动社区社会组织公共服务供给在提高效率和实现实效方面变得更加精细，不断提升人民群众的幸福感和满意度。

2.2.3 以公共服务为目的，对新兴组织进行功能解构

2.2.3.1 以社区社会组织的“小微性”，提升公共服务供给灵活性

党的十九大报告指出，“发挥社会组织在社区治理体系建设过程中的作用，以实现政府治理、社会调节和居民自治良性互动，推进我国治理现代化”。“小微性”是社区社会组织区别于一般性社会组织的重要特征之一，主要表现为社区社会组织承接项目与专攻问题的“小”，以及社区社会组织成员数量与组织结构的“微”。前者特征表现有助于社区社会组织公共服务供给从小处着手，及时反映居民需求与建议，提高公共服务供给的精准度；后者特征表现有助于社区社会组织克服层级节制、机构臃肿、人员庞杂的科层制组织结构弊端，提升社区社会组织公共服务供给效率。

社区社会组织“小微性”的特质可以满足社区微型和异质性需求，增强社区公共服务的灵活性。一是灵活回应居民需求。相较于传统的公共服务供给模式，社区社会组织因扎根于社区，直接服务于居民，能够在公共服务供给的过程中，及时根据社区居民内部需求的变化调整公共服务供给的内容和方式。二是灵活适应环境变化。相较于采用传统的组织载体形式为社区居民提供公共服务供给，社区社会组织这一新型载体因其“微结构”，有利于克服传统“官僚制”组织结构的弊端，并根据社会宏观环境的变化，适时转变组织自身的公共服务供给结构和制度安排，推动公共服务供给策略选择与外部环境变化相适应，以此提升公共服务供给整体绩效。三是灵活提供专业服务。相较于传统组织为居民提供普适性的公共服务，社区社会组织能够利用“小微性”的组织特征聚焦于社区居民的“微需求”，并结合自身的专业化和精细化优势，灵活实现供给方式与目标要求的匹配，以此为社区居民提供更具个性化和有针对性的公共服务供给。

在提升社区公共服务灵活性的同时，我们也看到，社区社会组织在公共服务供给中还面临着发展理念局限性与资源配置有限性两大难题。在发展理念局限性方面，一是“小微性”的组织特征使得社区社会组织难以获得足够的关注，导致公共服务供给过程中本应具备的“协同共治”发展理念难以落实；二是“小微性”的特征容易让社区社会组织陷入过于强调公共服务供给效率的理念误区，对新时代推进公共服务“高质量”的发展理念不够重视。在资源配置有限性方面，我国社区社会组织尚处于起步阶段，资源配置总体上相对匮乏，

难以真正有效对接社区居民个性化和多样化的公共服务需求，也难以保障和确定社区社会组织公共服务的供给质量和供给效果。基于此，尽管“小微性”让社区社会组织在公共服务供给中更加具有灵活性，但“小微性”本身可能伴随的发展理念局限性和资源配置限制，必须在社区社会组织公共服务质量测评中得到适当引导。

2.2.3.2 以社区社会组织的“草根性”，增强公共服务供给体贴性

“草根”一词始于19世纪的美国，最早是用来形容像草一样可以在整个土壤表面及其他各个角落里存活和生长的事物，后来被引入社会学领域，赋予了“基层民众”这一内涵。其引申义取自于陆谷孙主编的《英汉大词典》，grassroots一词指和政府或者决策者相对的势力，比如一些影响力较小的民间非政府组织一般都可以被看作“草根性民间组织”。社区社会组织因植根于社区基层，服务于社区居民，多由民间力量自发成立，具有顽强发展的精神力量，切实为提供公共服务、增进公共利益而付出努力。“草根性”也是社区社会组织的重要特性。

“草根性”让社区社会组织在公共服务供给中具备体贴性。一是了解社区居民的需求和愿望。社区社会组织采用的是一种自下而上的组成方式，这使得社区社会组织具有较为稳定的群众基础，能够利用传统科层制组织所缺乏的当地人际网络资源，与社区居民保持着良好的互动关系，及时掌握第一手信息，更好地理解和满足群众的需求和愿望。二是关注社区弱势群体。社区社会组织立足于社区基层，其“草根性”的特征使得社区社会组织在日常生活中更加贴近于社区居民的生活，能够聚焦于社区居民最关心的公共问题，在公共服务供给的过程中真正关注到那些来自社区底层居民，特别是来自社区弱势群体和特殊群体的现实需求。三是立足社区居民立场。社区社会组织因其大部分是由民间力量自发组织成立，组织成员又多是社会工作者、志愿者等普通公众而非政府官员，所以工作人员在思维观念方面会相比于政府内部的公职人员更加接地气，能够更好地从社区居民的立场和角度思考问题，提供社区居民切实所需的公共服务。

社区社会组织的“草根性”在使社区公共服务更具备体贴性的同时，还不可避免地存在差序格局的偏颇和管理过程的随意两大问题。因受传统乡土社会

所留下的内生性影响，社区社会组织在进行社区公共服务供给过程之中，易根据服务对象与自己的亲疏远近来选择性提供公共服务。差序格局的偏颇既不利于推进社区公共服务均等化，更不利于满足社区居民对个性化、高标准、高质量公共服务的需求。在管理过程随意性方面，一是“草根性”的自下而上组织特征，使得社区居民因碍于“关系”无法真正对社区社会组织进行有效监督和客观评价。二是组织成员个体的“草根性”，使得社区社会组织相关专业素养和专业能力有待提升，管理过程较难做到制度化和规范化。基于此，社区社会组织以“草根性”立足于社区基层，贴近社区居民需求和愿望，成了社区公共服务供给的重要选择。但其“草根性”所伴随的差序格局的偏颇和管理过程的随意也必须在社区社会组织公共服务质量测评中得到纠正。

2.2.3.3　以社区社会组织的“本土性”，提高公共服务供给黏合性

“本土性”指因地域特征、文化习俗、时间累积等多种因素共同作用和相互影响而成的，在人群中所体现的那些思想观念、风俗习惯、生活方式等地区性差异，其中地域性是本土性特征形成的先决性条件。社区社会组织的“本土性”主要体现为：第一，社区社会组织扎根于当地社区，视本社区地域范围为自身的服务区域，受地域性因素影响较强；第二，社区社会组织采取的是自下而上的组成方式，又是以社区居民为服务对象，在长期和社区居民相处的过程中，能够相较于其他组织更加了解本社区居民的生活习惯和现实需求。

“本土性”的特征使社区社会组织在公共服务供给中更具备黏合性。一是有效整合社区资源。社区社会组织长期在某一社区范围内提供公共服务，因此能够相较于其他组织更加明晰本社区居民的实际情况和社区内部的闲置资源，有效对处于分散、孤立的社区居民进行充分调动，并对社区内部的若干闲置资源进行链接与整合。二是提高公共服务匹配度。社区社会组织长期受社区地域、文化习俗等多种因素的影响，会逐渐将自身的专业优势、公共服务供给目标与供给策略等同当地社区居民的生活习惯、本社区的地域特性相贴合，提升公共服务与居民需求的匹配程度。三是搭建政民沟通桥梁。社区社会组织能够利用自身“本土性”的特征，在平日的交流和相处过程中增进同社区居民间的信任关系，并在公共服务供给过程之中为社区居民与基层政府、社区党组织之间搭建起沟通的桥梁，实现社区社会组织、政府、社区党委、社区居民等主体

间的良性互动。

但是社区社会组织在公共服务供给中还存在着对基层政府过度依靠甚至依赖的问题，主要体现在三个方面。第一，在经费来源方面，我国社区社会组织的经费主要依靠于政府的财政拨款，渠道较为单一。当政府资助重点转移或者没有按时拨款时，社区社会组织就没有稳定且持续的经费来支撑其公共服务供给。第二，在组织形式和管理方式方面，我国部分社区社会组织挂靠在政府职能部门下开展活动，其组织结构和运作方式都带有浓厚的行政色彩，组织自身独立性较弱。第三，在场地资源方面，由于大部分社区社会组织尚未有独立的办公场所，在组织开展一些公益活动时，需要向政府借用场地资源，使得社区社会组织易受到行政力量的干预。基于此，“本土性”虽然使社区社会组织在公共服务供给中具备黏合性，但对基层政府过度的依靠甚至依赖问题需要在社区社会组织公共服务质量测评中得到解决。

2.2.4 以科学管理为手段，对质量测评进行方法嵌入

2.2.4.1 超越单维的顾客导向，使目标在博弈协商中聚焦

20 世纪 80 年代以后，广泛借鉴企业管理技术与方法的新公共管理渗入公共服务供给领域，“顾客导向”成为这一管理主义潮流的重要方法指引。在顾客导向的驱动下，政府在公共服务供给领域引入营利组织参与，采用市场机制运作公共服务，强化对居民需求的回应与满足。但是，基于“经济人”假设，参与公共服务的营利组织为了自身利益需求，尽可能控制生产成本和降低服务质量能够实现最大的经济收益，让公共服务供给中的经济投机行为成为可能。而居民从自身利益出发，呈现出多样化的个性服务需求，很容易让公共服务背离公共价值的初衷。在对“政府失灵”和“市场失灵”的双重问题反思下，治理理念在公共服务供给领域得到张扬，既防止单一的自上而下的政府“家长式”供给模式，又反对“顾客中心式”的效率至上供给模式，构建了集政府、营利组织、非营利组织、居民为一体的“集体行为”供给模式。

在“集体行为”供给模式中，不同的主体有着不同的利益诉求，就形成了相关利益主体网络。从社区层面来看，基层政府致力于贯彻落实上级党委政府的决策部署，在公共利益最大化的前提下，保障社区居民获得满意的公共服

务，并促进社区秩序稳定和社区融洽度不断提升。营利组织在政府公共政策的引导下，需要在控制生产成本、最低限度满足服务质量和实现经济利益最大化之间达成平衡，也具有经济利益驱动下对合约标准违背甚至铤而走险的冲动。非营利组织是公共服务供给中的“黏合剂”，也是社区公共服务的供给端，把贴近社区实际需求的公共服务同社区居民的合理化需求表达结合起来，使社区情绪维持在合理范围。居民则希望以最低的成本获得更好的公共服务，在合法权益受到侵害、公共服务需求得不到满足时会采取维权措施。因此，社区公共服务“集体行为”供给过程就是一个多元主体互动决策的过程，需要非信息对称的利益博弈和信息对称的民主协商。

从相关利益主体网络分析可见，对于社区公共服务供给质量的评价主体是多元的，偏好表达也是多样的。不仅社区居民的需求表达重要，贯穿于社区公共服务供给始终的地方党政对公共价值的贯彻、营利组织和非营利组织的专业表达，以及第三方组织的客观评价也同样重要。工商服务业认为顾客的满意能够带动收入曲线和利润的持续上升，但公共服务绝非单纯的私人利益的满足，而是个体利益之间及个人利益与公共利益的反复博弈协商。那么在社区公共服务供给质量测评中单一使用主观评价法就有失偏颇。以质量评价中比较典型的SERVQUAL 工具为例，其中包含的两个部分——顾客期待和现实感知，都是把质量测评权威赋予了服务的受众，而没有考虑服务主体和“分包商”。因此，超越“顾客导向”就必须让评价主体由一元变为多元。一是地方党政对公共价值的严格贯彻。这要求摒弃单向的自下而上的问卷调查、小组恳谈、个别意见征求等方法，而是从社区公共服务初始设计开展，就把意见征求同意图宣传、政策解释、正向教育、资源投入公开结合起来，在公共价值范畴内为主观质量测评划出“框框”。二是多元主体之间的谈判与博弈。这需要在地方党政的主持与引导下，集合参与社区公共服务供需过程的组织与个体代表，就目标、标准、资质、流程、硬件、行为、效果等进行广泛的交流沟通，寻找多元主体均可接受的“最大公约数”。最终以这些博弈结论去衡量社区公共服务供给质量的各个方面。三是充分考虑在实际供给过程中的可能变量，并设置“容忍阈”。这要求社区公共服务供给质量测评区别于刚性的工业产品质量控制，考虑社会变量的复杂性和不可确定性，将不可抗力等客观干扰变量纳入质量测评的考虑范畴，并设置多元主体均可接受的“阈值”。这样，可以在社会宽容的心理框架内规范社区公共服务供给质量测评，确保测评结果具有建设性。

2.2.4.2 超越孤立的流程再造，使规程在多元协作中耦合

随着新公共管理潮流的兴起，企业管理技术与工具在政府管理中得到运用实践，诸如全面质量管理、业务流程再造、平衡积分卡、限时办结等技术工具让政府运转效率为之一振，在服务型政府建设中发挥了积极作用。尽管新公共服务理论提出了批评，尤其是在“治理”潮流崭露头角的情况下，新公共管理中的许多技术和工具仍在政府治理中被保留使用。业务流程再造（BPR）及并联审批、限时办结、数据共享、一网通办、“最多跑一次”等管理工具在政府治理中绽放着智慧光芒。但随着社区公共服务“集体行为”供给模式的出现，这一公共事务不再由政府独自掌控，单方面挖掘政府服务的效率和效能必定产生边际收益递减，并且带来边际成本和边际收益严重失衡的“内卷”。作用于封闭组织内部的业务流程再造不应成为质量建设重点。多元主体的共同参与需要在主体之间、权责之间、流程之间以及信息之间建立融洽的“接口”和桥梁，并建立有助于自我协同运作的机制，以确保多元主体网络的有效运行。从这个角度来看，社区社会组织公共服务供给质量测评不能执念于单一主体的流程优化，而应当更侧重于改进多元主体之间的合作与协同，尤其要关注社区公共服务过程中的和谐水平是否有所提高。

在单一的供需结构中，质量测评技术在服务领域的运用首先依赖于流程图。在流程图中，必须包括清晰的涵盖所有工作环节的行动程序、可能出现“失败点”的流程再循环线路、每个服务环节可能消耗的标准时间等。如果采用“价值链”来解析流程，以上的流程图设计只是涵盖了“核心价值流程”，出于质量测评的“前台”，而诸如人事、行政、财务等“非核心价值流程”则出于“后台”，对价值产出发挥着支持保障作用。基于业务流程再造的质量测评就是把最初设计的“服务蓝图”作为参考，验证它在实际服务过程中的执行情况，评价可以改进的环节、时限、可能出现的“失败点”，并做出持续改进。毫无疑问，基于业务流程再造的质量测评只是发生在单一组织内部，在内外边界封闭的环境下进行，主要作用于组织绩效的提升。在社区公共服务“集体行为”供给模式下，基于业务流程再造的质量测评显得作用乏力。

在多元网络协同开展社区公共服务供给的情况下，质量测评已经超越了单

一组织流程，需要以更开阔的视野着力于跨组织的权责结构、网络凝聚力、协同效率以及合作产出。一是明确以时限为指标的合作流程。这里的时限包含了单一组织内部流程的循环时间和组织之间流程协调衔接的响应时间。通过质量测评，我们可以探索减少时间浪费的步骤，建立标准化的服务合作流程，以及设计标准化的服务时间。二是建立高效合作的协调机制。在社区公共服务供给过程中，地方党政、营利组织和非营利组织、第三方组织、社区居民需要通过信息共享、知识共有、资源共济、行动共进来协调合作。通过运用“PDCA循环”技术，可以基于彼此信任构建起“错位思考”的流程查摆机制，实现动态循环的质量测评。建立该机制的目的不仅仅是检查发现现有服务的缺陷，更重要的是把互助互补的因子注入公共服务过程，鼓励对现有规程提出质疑，从多元视角激发质量优化的智慧。三是明确源头追溯的责任追究体系。如果对公共服务不满意，公众可以直接追究供给者的责任，也可以向政府部门追究责任，然后由政府向供给者行使追偿权。在社区公共服务供给中，无论参与主体有多少，都必须明确承担公共服务过程效果和最终结果的主体，加强对社区公共服务供给的责任设计和分解，实现权责对称，避免推诿扯皮、责任旁落。

2.2.4.3 超越刚性的统计控制，使测量在统筹评价中提升

在质量领域中，统计扮演着相当重要的角色，在质量运动的前半个世纪，几乎所有在质量领域中完成的工作均与统计有关。但是，统计工具的运用一般基于两个假设：一是所有工作都发生在相互关联的系统过程中，二是工作推进的过程存在变异。由此可见，统计工具在质量测评中的成功依赖于过程的关联性和标的的明确性。就过程的关联性而言，对于单一流程，可以建立每个环节的工作规范，但在社会领域中的多主体协同过程中，会涉及更多的干扰变量，具有较高的不确定性和不可量化性。就标的的明确性而言，对于工业产品生产具有较好的实用价值，因为产品的形状、大小、规格、尺寸等都可以精准量化，但转移到服务生产领域，特别是社区公共服务的供给，很难保证所有的服务供给过程都是高度一致的。同时，统计工具的运用是基于数据抽样的，难以保证数据图景的全面性，只能保证绝大多数的数据验证在可接受范围内。这可能让社区公共服务只照顾到部分社区居民的利益或者社区居民的部分利益，从而导致质量测评中出现不甚理想的结果，进而直接影响了社区公共服务的合

法性。

如果单一的定量统计无法保证社区公共服务供给质量测评的全面性和有效性，那么有必要研究并建立一套“定性+定量”的测评方法。社区公共服务供给处于社会各级、公私部门合作、多组织合作和多元个体共同体验的交汇点，构成了一个典型的多目标决策过程。在这个过程中，首先应采用田野观察、群体访谈、德尔菲法等方法进行广泛的意见收集和现象描述，以确保质量测评体系是一个兼顾各方的多目标体系，具有指标的完备性。要将复杂的“指标群”构建为相互联系的有序层次，使之条理化，需要对每个指标进行科学的权重赋值。层次分析法在处理这种多目标、多层次、多要素的决策问题时提供了定性与定量相结合的方法。它围绕对所有层次之间的总排序，计算所有元素的相对权重并排序，为统筹兼顾多目标提供了最佳解决方案。考虑到所有指标都具有不同的离散型，可以采用熵值法来验证各个指标的权重赋值是否合理。指标的离散程度越高，对综合评价的影响也就越大。在指标体系构建和权重赋值验证的基础上，采用模糊综合评价法将定性评价转化为定量评价，以解决事物表达的不确定性问题，从而使体系化的质量测评更加明确和清晰。

3 习近平新时代中国特色社会主义思想对社区社会组织公共服务质量建设的理论指引

习近平新时代中国特色社会主义思想是新时代中国的马克思主义，其中蕴含着固本培元和守正创新的“双重”理论品质，与毛泽东思想、邓小平理论、“三个代表”重要思想和科学发展观既一脉相承，又演进发展，包含了治国理政的方方面面。其关于当代中国政治、经济、社会、军事、外交等各方面的宏伟擘画，既统筹了基于历史发展的宏观归纳，又兼顾了基于不同地域特征的中观提炼，对于“改进社区社会组织公共服务质量”这一微观课题具有提纲挈领的重要理论指导意义。以习近平新时代中国特色社会主义思想为本书的理论基础，对于立足当代中国经济社会发展的现实场域，用马克思主义中国化最新理论成果指导实践，进而梳理形成特定领域的“中国之治”，彰显现代社会治理和公共服务研究的“中国话语权”，具有现实必要性。习近平新时代中国特色社会主义思想对新发展理念、人民美好生活向往、全面深化改革、推进社会事业发展、保障改善民生、密切同人民群众联系等方面的重要论述能够为本书提供重要理论指引，确保马克思主义研究方向清晰。

3.1 人民的主体性

习近平新时代中国特色社会主义思想贯穿了一条主线，即“以人民为中心”。马克思主义历史唯物论认为人民是历史的创造者，是真正的英雄。因此，“江山就是人民，人民就是江山”。中国共产党的性质宗旨决定了“一切为了人民、一切依靠人民”，始终把人民放在最高位置，把人民对美好生活的向往作为奋斗目标，推动改革发展成果更广泛、更公平惠及全体人民。这种美好生活向往，在社会民生领域表现为“期盼有更好的教育、更稳定的工作、更满意的收入、更可靠的社会保障、更高水平的医疗卫生服务、更舒适的居住条件、更优美的环境，期盼孩子们能成长得更好、工作得更好、生活得更好”。当代中国社会主要矛盾变化而产生的“美好生活”诉求，把高质量的公共服务供给推到了历史发展的前沿。如果政府采用权威分配方式来满足这种质量要求，公民与社会组织在公共服务提供中的主体性价值就难以彰显。而社区作为公民参与社会生活的主要场域，人民主体性的作用表达与收益获取极为重要，从根本上决定了公共服务质量水平，也从根本上反映了人民在国家政治生活和社会生活中的地位和作用。

发轫于工业生产领域的“质量”概念，最初运用于评价产品的尺寸、规格、原料使用、稳定性、价值作用等。一旦确定了质量标准，就会产生严格的结果控制。然而，将“质量”应用于服务领域，特别是公共服务领域，会引发更多挑战，更具复杂性，因为服务受众的差异性和主观性更加突出。中国在经历了四十多年的改革开放历程后，以单位为单元的批量生产的“包揽式”公共服务体系解体，致力于均衡共享的“社会化”公共服务体系建构起来。特别是随着地方政府职能的转型、人均收入水平的提升、民主法治意识的增强、文化素质水平的提高、家庭生活的多样发展，一般公民在公共服务供需交互中扮演着越来越明显的主体角色。当现代治理理念深刻影响公共服务的时候，社区社会组织有充分的机会参与公共服务，与地方党政、居民自治组织、小区物业等一道构成了公共服务供给端，服从并服务于社区居民主体需求。社区的公共服务不同于惠及省域、市域、县域的一般公共服务，其类型更为琐碎，专业更为精细，个性更为突出，因为它更密切关注社区居民的主体性。

一是居民利益表达。从社区公共服务项目规划酝酿开始就需要吸纳居民群众的诉求，并综合研判诉求表达的轻重缓急，保证公共服务供给端紧密贴合社区居民需求端，从根本上保证“我得是我需”。在这个过程中，最为重要的是要避免“家长式”的供给模式，避免以主观猜测臆想出来的公共服务供给重点替代客观存在的居民利益诉求，同时也要防止投入财力人力物力，却未能办成居民最关心、最直接、最现实的事。

二是服务供给参与。社区公共服务供给的过程是针对个体服务的过程，就是供需双方持续互动的过程。在社区养老、社区矫正、儿童教育、卫生保健、文体活动等典型的社区公共服务项目中，居民是服务的受益主体，也是过程的行为主体。服务过程的体验效果决定了居民满意度，因而需要创设并不断改进互动机制，增强居民对社区公共服务的获得感和存在感。

三是民意评价反馈。社区公共服务质量好不好，居民群众最有发言权。在社区社会组织进行公共服务供给的过程中，应当特别重视居民的评价表达和结果运用。这本质上是在公共服务过程中实现各主体间的磨合与匹配，最终实现社区公共服务质量的动态提升、持续改进。

3.2 价值的兼容性

“人民”的概念是具体的而非抽象的，代表了社会不同地域、不同环境、不同阶层、不同群体的结合体。如何让人民都能够有尊严地生活，并享有平等的发展机会，关键在于尊重并实现最广大人民的根本利益，并为弱势的、个性化的利益需求提供必要的保障。习近平新时代中国特色社会主义思想在民生领域把“公平”放在重要位置，强调“坚持教育优先发展，大力促进教育公平”（中共中央宣传部，2023：159），“就业是民生之本，努力让劳动者实现体面劳动、全面发展”，“没有全民健康，就没有全面小康”（中共中央宣传部，2023：161）等。这些关于民生福祉的重要论述落实到社区公共服务的现实场景中，表现为照顾到绝大部分社区居民的集体利益，并对个性化、碎片化、阶段性的需求提供保障，归纳起来就是要在社区场域落实好“共建共治共享的社会治理格局”。在构建治理格局的过程中，社区公共服务供给应当突出非排他性和可兼容性，让居民群众具有公平的获得公共服务的机会。其一是信息公平，能够基于不同的认知和渠道获得清晰的公共服务信息，并清晰地知晓公共服务项目能够为自身带来的价值收益。其二是过程公平，不同的居民个体参与同一公共服务过程不会产生排他和歧视，以及在接受反复的服务过程中享有稳定一致的服务品质。其三是结果公平，社区居民对公共服务项目的主观评价始终维持在合理区间，未出现明显的态度离散。

在中国从计划经济体制向市场经济体制的转轨过程中，公共服务长期以财政预算为支撑、以政府为单一的供给主体、以非普惠均等服务为特征，存在不平衡、不充分问题。在现代治理理念的驱动下，政府购买等多样化的公共服务供给模式出现并持续完善发展起来，既有党委领导、政府负责推动下的公共服务均等化发展，又吸纳市场组织、社会组织及其他组织参与进来，形成多元化供给主体，让公共服务过程富有活力。换句话说，政府应专注于应当管的领域，退出管不好的领域，吸纳多元主体参与，发挥政府、市场、社会“三个积极性”，摆脱“一管就死、一放就乱”的困境。具体到社区社会组织公共服务中，评估服务质量时需要综合考虑秩序和活力两个方面。一方面，要坚持党委领导、政府负责，党政搭台发挥抓纲管总、把关定向的作用，从分析研判计划，到评估激励控制，都是党委政府对社区居民高度负责。社区社会组织在这个框架下具体实施，和党委政府形成契约关系。另一方面，发挥社区社会社会组织的“草根”优势，以更加灵活、多样、专业、贴切的服务提升社区生活品质。从这两个角度来看，评估社区社会组织提供的公共服务质量，既要看党委政府的部署要求有没有落实具体化，又要看社区社会组织的“草根”优势有没有充分发挥出来。

习近平总书记强调“面对复杂的国内外经济形势，要把保障和改善民生紧紧抓在手上，切实托住这个底”（习近平，2018：374）。“集中力量做好基础性、兜底性民生建设”（习近平，2018：363）。“兜底”就是对普遍性公共服务无法照顾到的困难群众和弱势群体给予必要的保护保障。发展的不平衡、不充分在社区建设中有体现，比如城市中心的成熟社区、棚改区中的老旧社区、城乡接合部的复杂社区、城市化进程中的新型社区、边远的农村社区等。人口的流动与发展的差异性又产生了社区居民的多样性，转岗下岗职工、生活困难群众、受灾群众等需要社会托底去保障。因此，社区社会组织就需要通过公共服务供给及时缝补“社会裂缝”，提供针对性更强、更加深入社区肌理、更加充分暖人心得人心的社区公共服务项目，确保基层社会保障无遗漏、无死角。

3.3 组织的贡献性

党的十九大报告指出，“发挥社会组织作用，实现政府治理和社会调节、居民自治良性互动”。这就要求在实现“有为政府”的同时，建立一个“有效社会”，不能让政府既管宏观调控又管微观事务，而是在集中统一框架下进行有效的社会分工，把多元社会主体的积极性调动起来。在公共服务领域，习近平总书记更加强调，“扭住突出民生难题，履行好党和政府的责任，鼓励和支持企业、群团组织、社会组织积极参与”（习近平，2020：346）。这就在公共服务供给模式上改变了政府单一主体的传统结构，把社会组织等其他组织吸纳进来，形成多元协同供给的新结构。在社区层面，社区社会组织根植于本土社会，社区社会组织的管理者往往也是社区公共服务的参与者、受益者。这种“原住民”式的组织特征要求社区社会组织在公共服务供给中发挥其先天的质量优势。与传统模式相比，社区社会组织在公共服务供给的“投入—产出”衡量上具有更高效的资源配置价值。

第一个需要体现的组织优势是“桥梁”作用。在“强政府、弱社会”的格局下，社会方面的自主性较差，群众与政府之间也容易形成隔阂。在深化政企分开的基础上，把社区社会组织独立做实并不断完善发展，能够让社区社会组织获得独到的发展空间。这里需要考究的就是社区社会组织的“独立性”，考量它是否具有自发的“造血”功能，并独立承担社区公共服务项目。只有当社区社会组织在公共服务过程中担当起了独立的、非依附的中介实体，才能进一步探究其运行质量和实施效能。第二个需要体现的组织优势是“调和”作用。本土特征决定了社区社会组织在洞悉社区居民个性需求，统筹收集各方面的利益诉求，并负责任地反馈给地方政府，协助地方政府回应、团结和服务社区居民等方面具有先天的优势。单一的地方政府公共服务供给模式中难免出现“机关化”的弊端，导致供需衔接的脱节、个别呼声的忽视、开展实施的僵化、风险考量的遗漏，给公共服务过程带来反向的结构性民意摩擦。解决这个问题正是社区社会组织的优势所在，也是评价其价值高低所在。第三个需要体现的组织优势是“示范”作用。正如费孝通在研究乡土宗族社会时提出的“差序格局”，这种社会影响结构在社区层面同样存在。社区社会组织不同于一般社会组织，它是由本土社区孕育成长发展起来的，组织的管理者和参与者本身就是社区居民，有稳定的家庭存在和相对广泛的社区影响，有热心的服务意识和融洽的邻里关系。以社区社会组织为中心实施公共服务，如同波纹一般层层推开，能够辐射带动其他社区居民配合并参与公共服务过程。其说服力、带动力和影响力来源于长期的时间积累和深度的本土生态浸润，这不是正式的权威组织和外来组织所能替代的。第四个需要考量的组织优势是“控本”作用。由社区社会组织实施公共服务供给，从业务结构上看是在“政府－公民”之间加上了一个中间主体，从过去主客体之间单一的委托－代理关系变成了叠加的委托一代理关系。这里就产生了中间的交易成本，看似增加了公共服务供需过程的资源损耗和时间浪费。但是，如果中间组织增加进来后核算得到的生产成本，同原来模式下的生产成本之差额高于新增加的交易成本，那么新构建的供需结构是具备比较优势的。

3.4 服务的品质性

中国特色社会主义进入新时代，我国社会主要矛盾转化为人民日益增长的美好生活需要和不平衡不充分的发展之间的矛盾。以前解决的是“有没有”的问题，现在解决的是“好不好”的问题。随着历史变迁和社会环境的深刻变化，社区居民已经不再满足于基本保障、基本服务、基本供给方式，而关注于公共服务的多样化、个性化和专业性、针对性等内涵特征的改善，这就要求在社区公共服务供给上产生质量变革。由此可见，高品质生活是高质量发展的必然结果，二者之间形成了相互嵌入、互促互进的关系。在公共教育领域，过去致力于基本教育体系的全覆盖，但在追求高品质生活的背景下，社区应当扮演好社会教育、知识传播、课外服务的角色，在社区居民终身学习的人生历程中发挥更重要的作用，为人力资本增值和劳动素质提升提供基础功能。在公共卫生领域，过去致力于一般传染病的终端防控和简单医疗服务，但在追求高品质生活的背景下，社区应当提高应对突发公共卫生危机事件的能力，并在“健康中国2030”规划框架下促进居民人均寿命持续提升。在劳动就业领域，过去致力于减少社区居民的一般性失业问题，但在追求高品质生活的背景下，社区应当在市场竞争环境下促进居民充分就业，在政策宣传、就业引导、技能培训、法律服务、权益保障等方面发挥积极作用，为创造新的人口红利奠定基础支撑。在社会保障领域，过去致力于提供基本的社区兜底，但在追求高品质生活的背景下，社区应当通过社会福利、救助供养、弱势关照、心理关怀等方式，不断在多层面织紧社会保障的安全网，并促进社区社会资本的持续积累。以上关键类别的社区公共服务诉求变化，需要对公共服务供给特别是由社区社会组织这种经由“再委托、再代理”路径的公共服务供给品质进行界定。

公共服务不同于工业产品，对其“品质”的界定更加动态、开放，脱离了单一的结果控制视野。第一，社区公共服务的互动性要求注重对“愉悦感”的考量。新公共管理理论强调的“顾客导向”对服务型政府建设和公共服务质量评价都具有深刻影响。与工业产品生产不同，公共服务全程都需要与服务对象打交道，在社区层面尤为如此。而人是诸多生产要素中最为活跃的，即便公共服务的结果已经达到了预期，因为被服务人的现场情绪不佳，也可能影响到公共服务的品质评判。从提升社区居民被服务的获得感和幸福感角度出发，社区公共服务供给过程要特别重视对被服务人的情绪照顾。这里包括预期引导、内容解释、意见遵从、现场应变、持续沟通等，进而从全流程保证被服务对象的精神愉悦感。第二，社区公共服务异构性要求注重对“响应度”的考量。工业产品的品质可以用具体的刚性指标进行衡量，在产品交付之前可以对照标准指标做出持续调校完善。但公共服务与之不同，生产的过程就是消费的过程，社区公共服务项目的开展一旦完成，被服务人的“消费”过程也就终止，并且重复进行的社区公共服务供给因为被服务人的差异、时间空间的变化、社会外围环境的作用，都不能保证过程及结果完全一样。那么刚性的、固态的指标约束无法完全落地，而时间控制可以成为品质评价的重要选项。在社区公共服务供给中，行为响应时间、意见反馈时间、过程耗损时间、为保证周到服务而超额投入的时间等，都可以作为评价社区公共服务的重要指标。第三，社区公共服务让渡性要求注重对“专业化”的考量。在地方政府和社区社会组织之间构建起新的委托-代理关系，让社区社会组织参与公共服务供给，而不是由地方政府直接实施微观项目，就必须回答好这样的方式“为什么好”的问题。社区社会组织应当体现出社区公共服务中的专业水平，包括对社区情况和具体对象的充分了解、实施社区公共服务项目所必需的专业设施设备、具体实施人员的职业技能水平、实施过程中的应变预案与落实能力、对社区公共服务项目的敬业态度和担当精神等。第四，社区公共服务的可靠性要求注重对“精细化”的考量。尽管工业化的、刚性的、固态的质量控制指标在公共服务中使用效率不高，但并不意味服务的品质评价就具有随意性，也并不意味社区层面的“草根”项目就可以粗放管理。社区公共服务供给是城市精细化治理的一个部分，由社区社会组织供给公共服务是实现“精细化”的一种方式。要保证社区公共服务供给的结果符合规划初衷，就需要在规范化、精细化上下足“绣花功夫”。只有对服务内容所涉及的范围、职责、流程、标准和法律责任等做出全面详细的规定，用具体、清晰、可操作的规范化要求取代过去粗放、笼统、“过得去”的做法，才能为社区居民提供更优质、更可靠的管理和服务。

3.5 交易的廉洁性

党的十八大以来，从中央到地方都以前所未有的政治勇气和定力推进正风反腐，把整治民生领域的“微腐败”、妨碍民生政策落实的“绊脚石”作为重要内容，让人民群众在正风肃纪反腐中不断提高了获得感。社区社会组织实施公共服务供给，有的项目权力相对集中、资金资源投入相对庞大，关系到社区居民的切身利益，关系到党政在人民群众中的口碑形象，关系到社区政治生态的优劣，也是容易引发社会矛盾的重要风险点。从现实中看，基层的不正之风和腐败问题还易发多发，有的搞雁过拔毛，有的搞优亲厚友，有的形式主义、官僚主义严重。解决不好这些问题就会在社区公共服务供给的质量上打折扣，甚至被社区居民“一票否决”。但是，腐败问题在影响政府应提供的服务和产品的质量时，也意味着公民需要为此支付更高的成本。

保证交易廉洁性，首先要以零容忍的态度对待社区社会组织公共服务供给中的腐败问题，形成自始至终、持之以恒的高压态势。在具体评价中，“负面清单”的作用非常重要，严重的违纪违规违法情形应当进入“黑名单”，较重的违纪违规违法情形应当进入“灰名单”，轻微的违纪违规违法情形应当进行“扣分”警示，并对相关责任人进行问责追责。这样就可以形成梯度化、可视化、直观化的评价体系。同时，地方党政在同社区社会组织就公共服务项目签订经济合同的同时，也要签订“廉洁合同”，把廉洁责任具体化、条块化。这一“廉洁合同”也应当一并纳入评价体系。第二，在落实生产行为的“委托-代理”的同时，还要落实作风建设的“委托-代理”。社区社会组织在实施公共服务供给过程中展示出来的作风，也代表了地方党政在社区“窗口”具备的作风，实现了作风方面的“代理传导”的作用。从这个角度出发，形式主义、官僚主义的作风病就可能发生在社区社会组织，而对社区社会组织在公共服务供给中的作风要求就必须以党政部门的标准来评价。第三，必须杜绝社区社会组织公共服务供给中的特权思想和特权现象。社区社会组织的“草根性”所产生的“差序格局”让不平等对待公共服务受众成为可能，如果对优亲厚友、厚此薄彼的问题不加以约束，就会极大地影响社区居民的获得感和地方党政在群众中的口碑。因而在考量社区公共服务质量的时候，必须注重对受众平等性和服务输出稳定性的评价。在接受同一批次社区公共服务的时候，每一名社区居民受众都是被平等对待的。在接受不同批次的社区公共服务的时候，社区居民受众的感受是一致的，不会因为外部不确定性因素的干扰而出现较大差异。

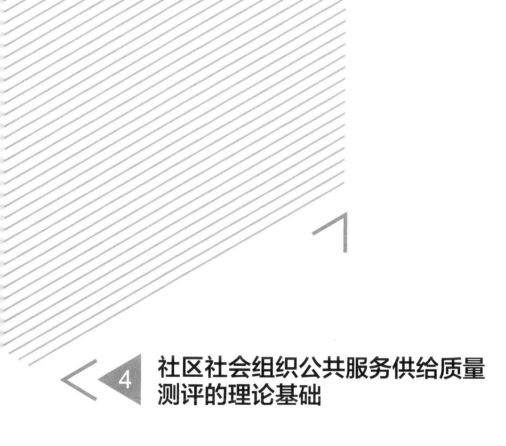

4 社区社会组织公共服务供给质量测评的理论基础

社区社会组织公共服务供给质量测评研究需要选取合适的理论，一方面从理论中获取分析的视角和思考的方法，另一方面可以将理论作为逻辑推导的依据和支撑。根据研究需要，我们选择现代西方公共行政学中的新公共服务理论、协同治理理论和全面质量管理理论作为理论基础。

4.1 新公共服务理论

新公共服务理论的内涵与迎实践之需的时代特征，使它在诞生之际就备受关注。该理论很快超越了纯粹的学理性探讨，并引发了西方政治社会生活的重大变革。

4.1.1 新公共服务理论的兴起和发展

新公共服务作为公共行政改革的一次重大实践，既是对现实呼唤的积极回应，也是对宪政主义的复兴。以“服务”为旗帜，新公共服务理论随着政治民主化浪潮应运而生，聚焦于对新公共管理理论的反思与批判，力图实现政府角色的重置与行政价值体系的更新。

4.1.1.1 新公共服务理论的诞生背景

20 世纪 70 年代末以来，新技术革命与国际经济体系变化推动了行政生态环境的变迁，科层制的低效率运作难以适应复杂化的公共事务治理与公共产品供给需求。因而，旨在以有效率的市场机制重塑政府运转机理的政府改革运动，在短短十几年间就演变为世界范围内声势浩大的新公共管理运动。新公共管理运动的基本指向在于将经济理性主义作为政府管理的主导价值，采用企业管理的技术并将商业价值转移到公共部门，为“顾客”所希冀的结果负责，成为被顾客驱动的政府，体现了对传统政府管理模式的根本性变革，灵活的企业化政府管理模式成为改革僵化的理性官僚制的一把“利器”。但新公共管理运动囿于管理主义，吸收企业的价值观，依赖公共选择理论，忽视公共精神与公共服务，忽视了民主社会的基本价值。与此同时，政治民主化的第三波浪潮将焦点再次聚集在公民权利上，针对民主价值的追寻，新公共管理理论无法给出答案，政府亟须在效率与公平的再次平衡中做出现实回应。在此背景下，新公共服务理论应运而生。作为一种学理探讨，它建立在对公共行政根本价值的反思与批判之上。同时，作为一种实践主张，以登哈特夫妇为代表的公共行政学者们提出，应将公民而非政府作为治理体系中心，并将服务作为当下政府最适宜的角色定位，这反映了政府对公民期待高效行政与优质服务的回应。从严格意义上来讲，新公共服务理论未能成为实践情境中各国政府普遍遵循的主导理论，也未在学理层面促成公共管理的范式转向。但作为一种矫正的批判理论，新公共服务理论所构建的价值体系既充分展现了对宪政民主的高扬与复兴，又试图平衡效率与公共利益间的张力，这无疑超越了传统公共行政的思维模式，是寻求诸种价值规范间平衡发展的新路径，也是公共行政艺术的精髓所在。

4.1.1.2 新公共服务理论的思想渊源

新公共服务理论体系的建构，在聚焦于新公共管理理论的反思与批判之余，还汲取了其他学科的重要理论作为支撑。基于对西方行政思想史脉络的梳理与对新公共服务理论内涵的分析，可以发现哲学、政治学、心理学、管理学等学科都为新公共服务理论提供了重要的思想启迪。在哲学与政治学中，新公共服务理论的思想传承了卡尔·马克思关于人的异化的劳动观。劳动异化指劳动不再是为了满足人的需求而进行的活动，其中劳动工具化和非自愿性倾向严重，劳动产品也不再被视作个性与创造力的体现，人与人之间的交往也出现非人性化的特征。新公共服务批判了那些追求效率却忽视人与公共利益的理论主张与实践倾向，这与马克思对劳动异化与人的异化的批判观点是一致的。从哲学基础来看，这体现了价值理性重新占据主导地位，实际上也是管理主义与宪政主义倾向的历史延续。在心理学中，西格蒙德·弗洛伊德的人格理论提出了“本我”“自我”“超我”三种人格思维模式，并在此基础上指出，个人加入组织是为了实现既定目标和获得安全感，社会在为人提供身份、荣誉等外在象征的同时也会压制人的个性张扬。弗洛伊德的思想实际上为新公共服务理论的提出以及为“公民”而非“顾客”、公民参与、政府－公民互动与信任关系等理念提供了指导。在管理学中，新公共服务理论还与马克思·韦伯的技术理性观进行对话。韦伯指出，资本主义制度保证理性计算的可能性，具有较高效率，能够极大地推动物质生产进步，但缺乏对人作为特殊个体的关怀，这也正是新公共服务理论为何力图在新公共管理“效率”基础上实现超越与整合，重新将公共利益从边缘化拉回中心。民主与公民权理论主张个体双重秉性之上的公民利益与民主价值，是新公共服务理论的核心依据与价值基石。社区与基层社会理论主张建立多元价值汇聚与个体对话协商的社区与社会组织，成为新公共服务理论实践应用的基本单元和供给主体；组织人本主义则突出以人为本与沟通信赖的必要性，是新公共服务理论的基本立论与实现方式。

4.1.1.3 新公共服务理论的实践发展

各国政府、各层级政府顺应政治民主化的趋势，纷纷采用新公共服务理论来指导和规范政府的服务行为。这种做法不仅是基于公民权的考量，而且涉及对公民权利和政府权力的规定，并进一步对服务行为进行制度化，为服务型政府建设奠定了规范基础。20 世纪 90 年代后，部分发展中国家也开始加入公共行政改革的浪潮之中。新公共服务理论发展至今，不仅成为公共部门改革的指导思想，亦被广泛地应用于各类公共物品与服务的供给责任与路径研究。在党的十八大报告明确“建设服务型政府”的改革目标后，为人民提供高质量的公共服务成为推进行政体制改革与政府职能转变的重要工作，这也上升成为我国治理体系与治理能力现代化的价值追求。

4.1.2 新公共服务理论的内容

新公共服务理论体系在实践中不断得到丰富和完善，并以此反过来指导公共行政改革理论。参照登哈特对新公共服务理论的论述，本书认为新公共服务理论在主旨与方法上皆实现了突破与创新。前者总结新公共服务理论的核心内涵在于重塑服务本质、二元价值融合与行政伦理复兴，后者显示新公共服务理论对公共行政学研究工具的拓展。

4.1.2.1 新公共服务理论的核心内涵

不同于倡导吸收企业的技术和价值的新公共管理理论，新公共服务理论建立在公共利益和为公民服务的观念上，包括重塑服务本质、二元价值融合和行政伦理复兴三个方面的核心内涵。

第一，重塑服务本质。尽管新公共管理理论与新公共服务理论皆以提供优质服务为目标，但前者将服务对象定位为“顾客”而不是“公民”。顾客在商业关系中不断计算满意效用，以政府的“成绩报告单”为依据来判断是否再次接受服务，而公民则被视为更广泛社区环境中的权利享有者和责任承担者。两者具有较大的区别，将服务对象仅视为顾客，无疑简化了政府与公民间多种多样的复杂关系，如顾客、委托人、选民和主体等，使政府被视为仅仅回应顾客短期自我利益的单一公共产品或服务生产者与供给者。这实际上也异化了公民的政治内涵，降低了公民的政治合法性地位，违背了公民主权的契约论思想。服务对象的定位不同也决定了新公共管理与新公共服务之间导向的区别，前者追求“顾客满意”而后者追求“对人民的优质服务”。为此，新公共服务理论首先明确公民在治理体系中的中心地位，重视公民身份构建与公民人格锻造。其次，新公共服务理论主张公共管理归根到底是公共服务的性质，在与公民协商对话的基础上帮助他们表达和实现公共利益是行政行为主体的重要职责，而非试图控制社会发展方向，即“服务而非掌舵”。当今这个多元价值交织与多维动态发展的社会充满了未知与不确定性，其发展的方向是各方协商与妥协的结果，政府无力包揽一切。尤其是在民主价值日益凸显的今天，政府角色早已超越公共服务的供给者，而成为复杂公共事务的调节者、协商对话的促进者与社区建设的引导者。

第二，二元价值融合。新公共服务理论主张政府的基本职能是服务，但政府并非直接提供公共服务，而是通过“共同生产”来实现服务供给。也就是说，政府并非社会格局中的单一力量，而是应与企业、社会组织合作，以满足公民现实需求，并解决多元价值的冲突，践行政府服务理念。新公共管理吸收企业的技术对于政府效率的提高具有助益作用，但这种把商业价值转移到公共部门的做法也带来了一些棘手问题，特别是高度关注效率而忽视公共精神的倾向遭到了新公共服务理论的批判。然而，新公共服务理论并未完全摒弃效率，而是指出“效率不容忽视，但对效率的追求应在民主宪政与公共利益的框架内进行”。这一理论试图融合两种价值，既适度引入竞争机制提高资源配置的效率，又强调公共服务为公共管理的本质属性，关注民主价值并平衡民主回应性，以弥补仅关注效率业绩的缺陷与不足。因此，在美国政府公共服务改革的背景下，以民营化为主，将服务的生产与供给以合同承包等方式交由私营部门或社会组织来完成。

第三，行政伦理复兴。新公共管理理论将政府视为企业家，所倡导的创新精神与企业家精神对行政伦理产生了一定的不利影响。例如，它可能导致过于冒险、忽视原则，将责任置于不顾，超越了权力自由裁量的边界，限制了公务员的追求目标，仅关注提高效率和满足顾客。这样做忽略了行政官员的利他意识和思考，从而导致了公共行政一直存在的“伦理危机”。而新公共服务理论所倡导的“责任行政”不在于以最新的管理技巧或方式提高政府运作效率，而是旨在根本性地改变行政官员的身份和服务动机的价值观。从人性本质来看，无论是民主行政理论抑或是公共精神张扬皆以“利他”为逻辑起点而非新公共管理理论所描绘的丧失内在的逐利者。从公共道德来看，行政责任的限度标准在于行为主体能够在面临重叠规范的情境下，基于公共利益考虑而做出价值判断。从公民权利来看，行政主体行为不仅要以自由裁量权的恰当使用实现合法性责任，还需在公民会话基础上构筑责任合理性。与那些关注自身短期利益的顾客相比，公民更加关注公共的“善”和社会的长期影响。新公共服务理论认为，要实现“公民优先”，政府及其公共行政人员需要鼓励人们担负作为公民的责任，政府积极回应公民的期待与愿望，构建起政府与公民之间的双向互动通道，体现出互惠和信任的响应。

4.1.2.2 新公共服务理论的研究方法

行为科学的兴起将逻辑实证方法推向主流，强调经验理论的构建、保持中立的态度以及通过实际结果来确定行政与政治的界限。尽管新公共管理理论试图在经济理性主义指导下更新公共行政研究方法，但因囿于管理主义仍然将公共行政活动限定于可计量的技术问题范围内。新公共服务理论对于理性模型的批判主要体现在以下三点：第一，理性模型所构建与体现的是片面的人类理性观点，忽略目的、情绪和直觉、自由正义和公平等价值；第二，实证科学模型对知识学习的理解是不完整的，一方面人的行为会随着信息的变化而调整，另一方面理性模型的准确性会受到人主观原因的影响；第三，理性模型在理论与实践之间的联系方面存在问题，过于强调经验的客观性，从而降低了经验本身的重要性。新公共服务理论主张采用后行为主义方法论，即重新审视价值判断在公共行政中的重要地位和作用，重新定义了新公共行政的规范性反思与判断。这一研究方法并非对实证研究的全盘否定，而是试图拓展方法工具。逻辑实证方法所倡导的价值中立在保证研究的客观性与可靠性的同时，也忽视了基于价值判断所产生的问题或影响因素。因而，新公共服务理论融合实证经验与价值批判等诸多研究方法，并推动公共行政研究对象由市场向社区这一基本单元转变，创造一种基于沟通理性的“面对面情境”，从而构建起自主性社会网络之上的公共行为研究架构。新公共服务理论既强调对公共行政行为的经验性研究，又重视对公共机构及其政治行为的价值判断；它既重视公共行政研究方法的科学性，又关注研究过程与目标的规范性，从而提高了公共行政学对现实问题的响应能力，将新公共管理理论中被边缘化的宪政基础重新纳入中心位置。

4.1.3 新公共服务理论对本书的指导作用

新公共服务理论主张基于更广泛的社区层面实践，以及通过与公民的互动关系来检验服务及供给制度优劣。社区社会组织在公共服务供给质量方面存在差异性的问题，这不仅是基于经验实证的客观描述，还包含了价值理性的主观判断。如何构建一套契合中国治理情境的公共服务供给质量测评体系，以微观行动即社区社会组织参与作为切入口，是一个合理而适当的选择。本书关注公共服务供给质量而非仅限于绩效，与新公共服务理论中对优质服务而非仅是顾客满意度、从效率导向转变为公共利益导向的理论关切高度一致，因此采用新公共服务理论作为本书的理论基础。

4.1.3.1 新公共服务理论为社区社会组织公共服务供给质量影响因素分析提供了基本思路

新公共服务理论主张建立融合体系，以在实证基础上实现规范性价值并行，并寻求管理主义基调之上的公共精神。社区社会组织公共服务供给质量研究不仅受到经济理性主义的价值指导，还更强调供给有效性是建立在社区本身所形成的自主性行动网络之上的。因此，新公共服务理论所主张的开放性组织结构、多边协商机制以及由此形成的社区集体行动，都凸显了公共理性高于一切的重要性，社区公共利益的达成、社区服务供给结构的形成及其责任的分担均为公共对话的结果。基于此，新公共服务理论为探寻社区居民服务需求、社区社会组织参与机制以及社区公共服务差异溯源提供了基本思路。

4.1.3.2 新公共服务理论为社区社会组织公共服务供给政策设计提供了人本价值取向

作为新公共服务理论的核心话题之一，组织人本主义成为修正“顾客”关系的重要依据。传统理性行为固有模式下形成了以关怀行政官员为指向的组织理论，公共人本主义突破了传统的“官本位”思想，强调个人基本利益对组织生存的意义。因而，新公共服务理论将人本价值置于生产效率之上。这一价值取向在新公共管理理论中得到进一步彰显，但因缺乏公平与正义精神而在实践中难以实现。新公共服务在此基础上主张公民权思想与以人为本理念，以实现公共利益最大化为价值目标，成为人本主义发展新方向。以长远目光探寻这一理念的价值所在，可以发现，如果行政行为主体在与公民相互尊重的基础上共享政策权力，即将公民纳入政策制定的过程，拓宽公民参与的渠道，构建政府与公民之间互信互惠的良好互动关系，那么在传统政府与官员观念中被视作任务的复杂多元公共事务，将逐步转化成为实现更大公共利益和更高效能的事业。因此，除了通过改善生产要素和重新塑造生产流程，从关怀与依赖的角度出发，基于居民真正所需进行政策设计与方案执行，是提高社区社会组织公共服务供给质量的重要途径。

4.1.3.3 新公共服务理论为社区社会组织公共服务供给质量研究提供了分析框架

尽管新公共服务理论以政府改革为直接指向，但该理论认为满足公共需求的社会方案可以通过多元主体共同协作制定与执行。从结构维度来看，新公共服务理论构建了政府、市场与社区社会组织三方服务供给主体，而基于这三方互动中的权力配备与资源配置构成了社区公共服务供给的过程维度。无论从结构还是过程来看，在社区社会组织公共服务供给的质量研究中，都需要重点关注作为公共服务供给主体的社区社会组织、公共服务供给对象的社区居民以及主客体之间的互动关系。因此，新公共服务理论为社区社会组织公共服务供给质量测评提供了一个兼顾结构与过程的整体性分析框架。

4.2 协同治理理论

协同治理理论是借鉴自然科学中的协同理论，对治理理论进行检视和整合的跨学科理论。它关注在开放系统中实现有效治理结构的形成，致力于实现自组织行动与规范创制的整体平衡。近几十年来，治理空间的扩大与民主危机的加深迫切要求进行治理革命，协同治理理论成为变革时代需求下，改革传统治理方式与公共行动模式的现代方案。

4.2.1 协同治理理论的兴起和发展

协同治理理论基于对新公共管理实践的反思、对后工业时代公共性扩散的回应以及对传统“中心–边缘”治理结构的变革，试图重塑一个多中心的合作秩序与结构，以分析社会结构转型中涉及的集体理性、公共利益、跨域协作等问题。协同治理理论兴起于应对复杂性公共问题的时代需求中，在其理论演进过程中受到了多方面的影响。

4.2.1.1 协同治理理论的诞生背景

通过对公共行政典范的历时性回溯，可以发现它以传统官僚制、新公共管理及整体性治理为脉络发展至今。后者源自新时期需要协调国家与社会互动关系、整合碎片化行政责任，以及确立集体理性的优先性。因而，作为复杂性治理谱系中的重要组成部分，协同治理理论作为一门科学的诞生折射出当代国家发展与社会结构的重大转型。一方面，全球化所带来的对跨域治理的需求与对美好民主的构想激发了民众对政府社会价值的高度期望；另一方面，信息化深刻改变了生产关系，这些关系正从自然向社会过渡，并且依赖性不断加深，导致生产性联系减弱而服务性特征更为突出。前者似在验证托克维尔所说的“伟大的民主革命正在进行”。实际上，权力关系的封闭化与政府机构的分裂化使得错配的民主设想引发了更为严重的政治冷漠与民主危机。而后者衍生出治理新空间，大量传统公共事务之外的复杂性问题为公共空间下的价值统合与集体行动模式带来挑战。为了缓解行政系统所面临的巨大政治压力，亟须以新的制度安排重塑国家与社会关系，协同治理理论应运而生。需特别说明的是，协同治理理论既是对特定结构中的实质变化进行的描述，展现多样性而非统一性、特殊性而非普遍性，同时，协同治理理论亦是对治理模式自反性认同中发展趋势的规范性表达，勾勒出治理的理想状态。

4.2.1.2 协同治理理论的理论渊源

以更为开阔的学术视野对协同治理理论进行溯源发现，其核心价值理念可溯及政治学、社会学、管理学、经济学以及自然科学等研究范畴及其理论成果。在美国，协同治理可以被理解为多主体达成共识并采取集体行动的治理过程，其根源可以追溯到长期存在的自由主义和共和主义政治传统之间的竞争。具体而言，从政治学视野来看，民主制度是协同治理的价值核心；社群理论对新自由主义的反思与批判，为协同治理集体理性的优先与集体行动的发生提供了论证基础。从公共管理视野来看，公私伙伴关系理论为协同治理参与主体的关系结构提供了有益参考，政策网络理论则有助于协同网络模式的构筑。从经济学角度来看，博弈论与契约理论有助于理解协同行为的发生与威胁因素。从社会学视野来看，社会网络与社会资本理论等均为协同治理的理论来源。多元的理论来源既丰富了协同治理理论的话语体系，也推动了它在实践中的广泛应用。

4.2.1.3 协同治理理论的实践发展

相较于略为迟滞的学理概念阐释，协同这一概念在实践中，尤以在跨域、跨界、跨组织治理中大行其道。各国家政府都将协同治理理论作为解决复杂社会问题的良方，广泛地运用于多中心协同治理、应急协同治理以及社区社会组织协同治理等领域。毫无疑问，协同治理理论已在各国公共管理研究中占据一席之地。在西方发达国家，协同治理理论早已成为在成熟市民社会基础上用以指导重塑宏观治理结构与解决具体社会问题的重要理论。在发展中国家，协同治理理论也已成为公共政策的核心议题。在实际操作中，对于行政体系内部而言，协同治理理论有利于解决科层制中条块分割、碎片化管理和信息壁垒等问题；在社会治理层面，协同治理理论对于推动生态共建共保、加强污染跨界协同治理、推动城乡产业协同发展以及强化教育、文化、体育、公共卫生、医疗和养老等公共服务的共建共享等具有重要的指导作用。

4.2.2 协同治理理论的内容

尽管协同治理理论有着多元的理论来源，但作为一个现代概念，对其内涵界定、价值追求与功能定位的研究尚未有定论。国内学术界常仅以“协同”之名来丰富文章的内容，而缺乏理论讨论和框架建设，更未形成完善的理论体系。然而，协同治理理论对本书研究提供了基础性支持，因而，只有对这一理论体系进行整体性认知，才能对研究的核心议题进行深入探讨。

4.2.2.1 协同治理理论的理论主张

作为一个一般性概念，协同治理通常被限定在特定领域，这也造成了协同治理话语体系内部的冲突。因此，本书试图通过发现已有定义中的共性来探寻协同治理的内在意义，同时，通过挖掘不同概念中蕴含的一致性，以更好地化解分歧。综上，本书认为协同治理的本质在于公共权力的复归，其功能价值在于整合多样性，包括平衡多元价值观和促进多元主体合作，其目标在于构建整体均衡的协同秩序，即在共识基础上优先考虑集体理性。

协同治理理论在辩证理解国家与社会关系的基础上，强调社会本位的价值取向。由于传统认知中归属于政府的公共性属性已然在后工业时代全面扩散到了社会之中，从治理主体的角度来看，管理公共事务的主体不再不仅仅局限于政府，而是扩展到企业、社会组织、公民等多元主体，他们共同参与治理进程并发挥各自的权威。从子系统之间互动关系上看，政府从单一依靠强制力转向与其他多元治理主体之间建立协商、信任与合作的伙伴关系。从本书关注的社区社会组织来看，一方面社区社会组织增强其自主性，减少政府的干预和控制以及自身对政府资源的依赖，另一方面政府在协同治理集体行动的目标和规则制定过程中依然具有较大的影响力。多元的、社会性的治理取向是应对高速流动性与高度不确定性的社会状态之关键所在。

协同治理理论在辩证理解个体利益与公共利益、个体理性与集体理性的基础上，强调共识性价值目标取向，其理论逻辑起点在于公共性。从管理哲学视野来看，当工业社会与新公共管理运动形塑的个体理性主义扩散至国家权力系统，成为整个社会运行效率的价值规范时，公共责任的碎片化在所难免。而协同治理理论所强调的公共利益至上意在缓解公共利益与个体利益间的内在张力，协同治理理论所强调的集体理性优先也试图弥合集体理性与个体理性间的价值裂缝。当然，任何一项理论与政策创新的实践可行性都来源于微观的基础条件。协同治理理论同样从个体认知与利益两方面关注个体参与集体行动的动力来源，承继新制度主义中的理论契约精神，主张通过“精神存量资本”来聚焦个体偏好，并通过理性博弈建立达成共识的平台。在协同治理理论语义下，协同治理成效是政府与社会、个体与集体互动的产物。协同治理作为一种集体行为，为了达到共识性价值目标，必须制定共同规则，以规范多元治理主体的行为。在共同规则形成过程中，不同主体之间呈现出竞争与合作并存的互动关系。政府在这一过程中并不一定扮演主导性角色，但是承担了协调各方的责任，并对规则制定具有较大影响力。作为一种理论范式，协同治理理论力图实现从微观到宏观分析的联结即从个体多重价值平衡，到统合公共空间主流价值，最终实现民主与效率。协同治理理论致力于实现个体利益实现与集体行动有效的平衡，消弭个体理性与公共理性的张力，协调制度安排与自为秩序的矛盾。这与本书力图实现的学术价值相吻合。研究社区社会组织公共服务供给质量，实际上是在探求个体与集体、制度体系刚性与社会资本柔性、民主与效率、权威与自由之间的平衡关系。

4.2.2.2 协同治理理论的理论模型

根据上述理论主张，协同治理理论构建了其理论模型（如图 4−1）。尽管建构在网络化模式基础之上的协同文化显示出强大的兼容性，但国家与社会协作的复杂性、社会主体力量的分散化与社会地位的差异性，组织内部关系的复杂性、治理边界的模糊化与公共事务外溢化等，造成协同治理中的多元价值取向间的张力进一步扩大，可能出现个体理性或小团体理性消解共同体的整体协同效应的情况。即便是基于公益精神而存在的非营利性组织也难免因组织文化与目标冲突而形成个体博弈。

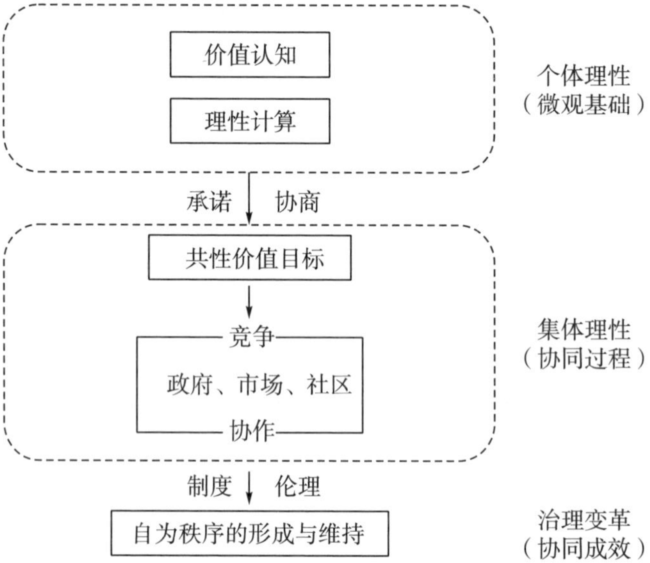

图 4-1　协同治理理论模型

协同治理理论模型表示，个体理性经过协议承诺与对话协商来进行偏好聚合，从而形成具有共识性的价值目标。这一过程充分体现了协同治理作为一种制度安排为个体提供治理实践机会的民主取向。在此基础上，出于对公共事务复杂性的考虑，多元主体认同协作是实现公共利益最大化的最佳方式。同时，资源的差异性与组织利益的异质性导致各主体间的竞争不可避免，但“效率的重要性不是压倒性的”，竞争的目的在于共享资源与增进共识。在协同治理过程中，不以强制性压力作为秩序维持法则，而强调充分激活主体意识与责任伦理，在理性思维与伦理博弈中实现生活世界的自然平衡，进而建立组织的自为秩序。需要说明的是，现阶段我国尚不具备自为秩序生成的现实条件，公共权力系统开放性受限，个体责任意识的培养与伦理关系的建立存在阻碍，只能以制度契约关系作为现阶段维持秩序的主要方式。但不可否认的是，伦理在处理公共事务与协调组织关系中发挥着越来越大的作用，也是协同治理建立自为秩序的必然选择。

4.2.3　协同治理理论对本书的指导作用

植根于西方公共管理实践的协同治理理论，对于尚处于重大转型期的中国而言，亦具有重要的学术价值与实践意义。自协同概念问世以来，国内学者迅速引入并试图进行本土化的理论创新，在公共服务供给的复杂情境下，协同治理理论展现出强大的适应性。一方面，协同治理理论构建了一种复杂性解释框架以探寻自组织体系发展规律，这意味着社会组织逐渐成为公共服务供给的重要力量，其服务随着居民需求的增长与多元化呈现出不断优化的趋势。另一方面，“协同”涵盖了自组织有序结构的相对平衡的内驱力，这是子结构有机融合所产生的整体效应，而不是简单的叠加。协同治理理论为本书的分析提供了基本框架、思路与政策设计依据，由此成为本书的支撑性理论。

4.2.3.1 协同治理理论为社区社会组织公共服务供给质量分析提供基本框架

社区社会组织公共服务供给质量分析，需要以政治学、行政学的新范式为指导，实现协同治理理念的内化，以动态科学的视角理解社区社会组织服务供给与互动模式。推动宏观的权力分配与微观的治理结构相统一，这是社区社会组织公共服务供给质量测量的真正目的与意义所在。作为一个分析框架，从更宏观层面来看，协同治理理论可以检视国家与社会关系建构上的时代进展；从微观层面来看，它可以验证社区社会组织公共服务供给过程中的工具理性。

4.2.3.2 协同治理理论为社区社会组织公共服务供给质量分析提供思路

任何一项理论研究在经验世界的实践均受制于历史遗产与社会事实，植根于西方场域的协同治理也具有发挥作用的特定条件。中国在本土化应用的过程中面临着制度障碍、公共责任、社会结构、话语体系等难题，这就要求学界准确把握概念理论内涵、持续甄别社会发展状态、不断反思实践应用条件，结合中国国情，针对中国治理存在的重大问题，运用协同治理理论加以解释并且提供实践指导。在此基础上，协同治理理论能够为中国服务型社会治理模式转型下的具体问题的解决提供有益经验与基本思路。总之，在社区社会组织公共服务供给质量测量的基础上，需要通过协同治理理论的分析框架解释公共服务供给质量测量的结果及其差异性。

4.2.3.3 协同治理理论为社区社会组织公共服务供给质量提升的政策设计提供依据

党的十九大报告提出要打造“共建、共治、共享”的社会治理格局，具化到社区层面，同样应以“三共”为社区治理创新的抓手与社会组织公共服务供给的总思路。具体而言，“共建”意在坚持人民本位，要求公共服务的供给以社区居民需求为导向，这与协同治理理论中强调发挥人的能动性与责任意识相吻合；“共治”意在坚持多元主体治理结构，要求公共服务的供给系统向多元社会组织开放，这与协同治理理论中强调多元主体偏好聚合与集体理性相吻合；“共享”意在坚持公平正义，要求公共服务供给的工具理性与结果正义，这与协同治理理论中强调各主体间的平等、协商与合作关系相吻合。推进国家治理体系与治理能力现代化进程的目标要求学界致力于协同治理理论的本土化创新，再指导作用于实践，推动社区社会组织公共服务供给质量的提升。

4.3 全面质量管理理论

为了回应现代化大生产对质量管理实践的时代需求以及满足人们对社会生活的精神要求，全面质量管理理论应运而生。作为一个发展相对成熟的理论，全面质量管理理论的起源与发展都相对明晰。

4.3.1 全面质量管理理论的兴起和发展

从理论发展的现实逻辑来推演，全面质量管理及其方法的出现是生产力发展的结果。这种发展的轨迹蕴含了人本价值取向，其直接动力来源于市场需求结构的变化与科学技术的发展。在西方公共行政实践中，“质量运动”已然取代了“效率运动”成为公共管理的价值取向，可以说，效率与质量的地位发生了转换。与此同时，全面质量管理也成为现代质量管理实践中最流行的形式之一。

4.3.1.1 全面质量管理理论的起源

尽管质量管理活动伴随着生产与交换就已产生，但现代意义上的质量管理始于工业革命后，并先后经历了质量检验、统计质量管理和全面质量管理三大阶段的演进。

随着现代工业系统的形成，为了进一步提高工业生产的有效性与科学化，泰勒主张不仅要在生产中实现计划与执行的分离，还要实现检验工作的专门化，并将这一责任从操作者转交给工长。由于当时对质量管理的认知与方法有限，质量管理活动只限于“事后把关”，无法挽回生产过程中所产生的既定损失。尽管由现代视角审视这一质量管理活动尚存在众多不足，但这一理念的正式提出推动着质量管理体系的构建与完善，推动质量管理研究与实践进入质量检验阶段。

1924 年，休哈特将“预防”观念融入质量管理，开辟了“事前控制”的新思路，并首次应用数理统计方法创建了具有实践性的“质量控制图”。其理论在第二次世界大战时期的广泛应用，不仅对提高军工产品质量与效率发挥了重要作用，同时也将质量管理理论推向了统计质量控制阶段。尽管统计控制的应用符合专业化与科学化发展规律，但由于过分强调这一方法，人们误将质量管理等同于统计方法，从而将质量管理活动框定在专业工程师与制造和检验部门的职能范围之中。20 世纪 50 年代以来，无论是大型高精尖产品研制的现实需求，还是“保护消费者权益”运动的迫切要求，抑或是管理理论上对“人”观念的转向都呼唤更符合时代需求的质量管理指导准则。人们已经认识到产品的质量保证不仅有赖于其生产过程与制造部门，而是涉及其他众多的环节与职能部门。基于这一新的社会历史背景与质量管理认知，20 世纪 60 年代初，美国通用电气公司工程师费根堡姆认为只关注部分生产环节的质量管理方式无法满足顾客对于高质量产品的需要，需要从局部拓展到全局系统，在全过程中进行统一计划与组织，由此提出了全面质量控制（Total Quality Control，TQC）。在 TQC 理念的指导下，日本企业开发了质量功能展开（QFD）和田口方法等，在诸多产品的生产过程中加以运用。这一理论的应用在很大程度上提高了日本产品的质量和国际影响力，推动了日本经济的快速发展，成功帮助第二次世界大战后的日本产品成为高质量的代名词。20 世纪 80 年代，TQC

发展演化成为全面质量管理（Total Quality Management，TQM），这种管理模式在企业中得到广泛推广与应用，从此，质量管理理论发展掀开了新的篇章——全面质量管理阶段。在这一阶段，全面质量管理不仅突破国界，在世界各国的运用中形成本国所特有的质量标准与控制方法，还实现了跨领域的理论应用，从工业产业向交通运输甚至向教育、医疗、公共管理领域发展，体现了一种质量管理社会化趋势。

4.3.1.2 全面质量管理理论的发展

全面质量管理自20世纪60年代提出以来，在世界范围内得到迅速推广，尤其是在80年代，全面质量管理不仅在理论体系的建构上得到进一步完善，还随着实践的运用得到进一步发展。全面质量管理理论的提出源于美国第二次世界大战时期军需品的生产需要，随后又在日本企业降低运营成本的实践中得到高效应用。可以说美国与日本在实践中实现了全面质量管理与本土文化的融合，发展出独具特色的全面质量管理模式。其中，美国国防部将全面质量管理概述为不仅是企业生产经营的指导理念，还是企业持续改进的基础与原则，通过数理方法的应用与人力资源的充分调动，改进企业产品或所供给服务以及这一系列生产过程，以符合顾客目前与未来的偏好与需求。该理论在实践中对质量这一概念的强调甚至超越产品本身，并将这一责任与薪酬直接挂钩。同时，日本质量管理大师石川馨基于本土化实践提出日本式全面质量控制，即全公司品质管制。他对全面质量管理的定义与费根堡姆的理念基本一致，但又特别强调质量管理中人的因素，各部门与工作人员除了积极参与质量控制，还必须学习和实施质量控制。另外，在以提升政府效率为标志的新公共管理运动中，借鉴企业管理经验进行公共行政改革成为西方国家的普遍做法，其中全面质量管理理论的应用在提升组织绩效的多方面取得了显著成效。例如，英国“公民宪章”运动和克林顿政府的顾客服务标准改革就是这方面的典型案例。

4.3.2 全面质量管理理论的内容

全面质量管理指的是一个组织通过全过程控制与全员参与实现持续改进的管理过程。全面质量管理系统包含顾客导向、高层管理者推动、供应商联系、全员参与、全程控制、精确度量与持续改进等核心要素。全面质量管理还尚未形成完整的理论框架，就该理论本身具体而言，它强调对产品质量的源头控制，追求产品生产链条的全过程控制；重视质量管理过程中的人的因素，强调产品质量责任不再只是专业工程师的责任，而是每一个部门与工作人员的“分内之事”；坚持以顾客取向，突出强调了“大质量”这一概念。在共同的理论取向之上，形成了如下具有代表性的典型主张。

4.3.2.1 全面质量管理理论的核心要素

基于上述对全面质量管理理论概念的梳理与界定，本书将该理论的核心要素总结为“全过程持续改进”“全员参与”“顾客满意”。

第一，全过程持续改进。相较于前人的研究，该理论的重大创新在于对产品质量的源头控制，追求产品生产链条的全过程控制。质量是全面质量管理的对象，也是整个管理工作的核心。为了加强对质量的把控，有必要对质量监测的环节进行延展。1961 年，费根堡姆认为产品质量的决定环节不仅在于对生产终端的把关，更为重要的是产品形成的全过程，因而他将这一过程从生产环节再向前追溯至市场调研、产品设计与采购等环节，将质量管理从结果发展到原因与经营全过程上来，真正实现了产品形成的全过程的质量防控。当然，在此过程中，除了采取更为专业的控制手段，编制各环节标准操作规程以增强一致性与可预见性也十分必要。

第二，全员参与。分工精细化是大生产的必然趋势，由此对协作的要求也越来越高。在质量管理活动中，产品形成过程中的每个部门和个人皆会在不同程度上影响产品质量。国际标准化组织在定义全面质量管理时即强调了全体成员参与的要素，并在 1994 版的 ISO 8402 质量标准中将“全员”这一概念定义为“该组织结构中所有部门和所有层次的人员”。但显然，质量责任的分配仍要遵循权责分配的基本规律，不同层次的管理者其责任范围不同。同时，全方位的质量管理基于横向视角要求各职能部门都承担质量管理责任，而不限于生产与检验部门。

第三，顾客满意。国际标准化组织将“质量”定义为一个产品或服务满足规定或潜在需要的特征和特性的总和。其中，“潜在需要”是基于顾客角度的需要，因而这一概念实质上是将质量与顾客联系起来。任何服务或者产品的质量特性都必须以顾客需求为测评标准，顾客是质量的最终决定者。这里的顾客为一般意义上的“最终消费者”。而迈克尔、斯坦认为顾客这一群体范围不应只限定为组织的外部顾客，还应该将组织的内部员工纳入其中，这两者的差异只是在于该组织服务的对象不同而已。

4.3.2.2 全面质量管理理论的理论主张

在全面质量管理理论的研究发展中，学者们提出了多种不同的模式、流程和模型，其中较为具有代表性的是 PDCA 循环模式、质量三部曲和四项基本工作模型。

第一，戴明的 PDCA 循环模式。戴明认为质量的目标是以最经济的方式和手段产出最有用的产品。他基于在日本企业的实践经验，提出了 PDCA 循环模式。这一模式将管理与改进过程视为计划（Plan）、执行（Do）、检查（Check）和处理（Action）四大环节组成的闭合循环圈。后来，戴明基于实际需要将“检查（Check）”替换为“研究（Study）”，PDCA 循环也因而进化为 PDSA 循环。具体而言，以计划阶段为起始阶段，该阶段内含四大步骤，即通过现状分析找出当前质量问题、确定该问题产生的原因、确定导致该问题的关键影响因素、据此制订措施与改进计划。在第二阶段，即执行阶段，按照改进计划进行分工和分头实施。在第三阶段即研究或检查阶段，按照改进计划的目标与要求开展过程监控与测量，对执行的效果进行检查。在第四阶段即处理阶段，总结成功经验并将成功经验上升为标准，同时将执行阶段中的遗留问题或缺陷转移到下一个 PDCA 循环中，以便进行解决与改善。戴明环体现了全面质量管理工作程序的科学性，且具有极强的普适性，适用于各类组织、各个部门和各个环节。将组织整体流程视为大 PDCA（PDSA），各部门又有小 PDCA（PDSA），部门内部还存在更小的 PDCA（PDSA），由此形成层层递进、环环相扣的质量管理工作体系。戴明环每循环一次，产品质量便会提升一步，长此以往，质量得以持续改进。

第二，朱兰的质量三部曲。1951 年，美国质量专家朱兰认为，质量最初来源于顾客需求。在质量螺旋理论中的管理因素抽象基础上，朱兰提出了“质量三部曲”这一概念，具体指的是质量策划、质量控制与质量改进三大环节，而且每一环节的实现都有赖于一套程序。具体而言，质量策划是以满足顾客需求为目标而进行的产品开发活动，因而在这一环节通常包含目标设定、顾客识别、需求确定、产品特征描述、产品开发、过程控制六大步骤。质量控制就是监督产品开发与生产过程，旨在减少质量波动，避免出现失控，因而在这一环节通常包括评价绩效并与质量目标对比，制定差异弥补措施等。质量改进就是超越既定计划，旨在实现更高水平的质量和效益。朱兰认为质量危机的根源之一在于组织过于强调质量控制而忽视了质量改进，使得组织的质量与效益始终难以突破原有水平。这一环节通常包含建立改进基础、识别改进需求、明确项目小组职责、供给资源并进行培训等步骤。同时，朱兰还指出质量管理三大环节之间的关系，质量管理活动以质量策划为基础，质量策划以质量控制为保证、而质量改进是对质量策划的创新与突破。

第三，费根堡姆的四项基本工作模型。1961 年，费根堡姆将全面质量管理工作拆解为四项基本工作，分别是设计控制、进料控制、产品控制与专题研究。具体而言，设计控制即对产品的质量特性与加工程序进行设计，同时设定质量标准，规定材料供应与产品监测环节的重点。进料控制通常采用抽样验收、选择通过质量认证的原料供应商并对供应商进行质量评价等方法保证所验收的原材料的质量。产品控制就是根据设计将所购入的材料、工具和零部件投入生产后，对这一生产过程进行的质量把控，既包括现场发现质量问题而返工，也包括售后服务控制，即对产品出厂后在销售和使用过程中出现的质量问题制定解决方案。专题研究就是针对上述环节中出现的不合格产品的原因进行调查和分析，并就此制定改进方案，以实现更高水平的质量提升。费根堡姆的四项基本工作模型与朱兰的质量三部曲有着异曲同工之妙。首先，两大模型都在于对产品的原料、生产、销售、售后的全过程进行控制，这也是全面质量管理理论的核心思想之一。其次，两大模型都将质量标准的设定工作专门化，使之成为一个独立环节。最后，两大模型都旨在实现对现有质量水平的创新和突破，基于对成功经验的积累和对失败产品的反思，以此超越质量控制而实现质量持续改进。费根堡姆强调全面质量管理的关键不在于产品制造后期的质量检测与控制，而应该高度关注生产的早期阶段以充分发挥预防作用。

4.3.3 全面质量管理理论对本书的指导作用

全面质量管理理论起源于需要通过提高企业生产来满足社会的质量需求，从而提升企业的竞争与生存能力。随着知识经济的发展，全面质量管理在企业中的实践地位也由战术层面提升至战略层面。同样，在公共服务领域，由于公共服务所涉范围之广、涵盖内容之多以及层次之复杂，决定了公共服务的供给质量必然不能只以作为服务结果的物质产品为唯一标准，而必须引入全面质量管理的理念，对供给服务的社区社会组织进行全面的质量测评与监督，以确保服务供给符合社区居民生活与发展需求。

4.3.3.1 作为一种理念创新，为社区社会组织公共服务供给质量政策设计提供了依据

全面质量管理强调系统、科学与预防三大原则。前两者是方式，后者是目的，即组织通过系统化与科学化的管理方式可以实现预防质量问题产生的目标。“全”即全过程与全方位的管理理念决定了全面质量管理的实施势必建立在“组织系统”这一整体概念上，并通过多种分析方法与工具提升质量控制的科学性。全面质量管理的三大原则对社区社会组织服务供给质量的政策设计起到启发与支持作用：从系统思维角度出发把握服务供给全局，并通过质量分析工具与检测技术对此过程中遇到的问题进行科学的分析，从而把握该问题出现的关键因素与环节，确定以何种方法能够实现有效规避从而达到预防的目的，建立一个“事前预防、事中控制、事后反馈”的完整质量管理链条，从而保证社区居民享受到优质的公共服务。

4.3.3.2 作为一种测评工具，为社区社会组织公共服务供给质量分析提供了逻辑框架

全面质量管理理论将预防为主、持续改进和顾客中心作为其三大核心理念，这为社区社会组织公共服务供给质量评估的开展提供了一个逻辑框架。这一逻辑框架于本书研究而言，既强调系统思维，又突出源头控制；既考虑过程持续，又兼顾结果质量；既透视供给模式，又着重需求反馈。全面质量管理理论为社区社会组织公共服务供给质量研究提供了一个整体性和过程性的分析框架。这意味着社区社会组织公共服务供给质量的测评并不只是结果导向、绩效导向的，还涉及对过程的测量；并非节点性的分析，而是持续性阶段性的观察。

4.3.3.3 作为一种发展范式，为社区社会组织公共服务供给质量分析提供了基本思路

全面质量管理理论的核心要素之一是顾客满意，强调产品的质量要适应消费者对高质量的需求，从而提出对产品质量把关的流程应有更高的要求，并突出强调了“大质量”这一概念，即“一个产品或服务满足规定或潜在需要的特征和特性的总和”，这为本书提供了基本思路。全面质量管理理论围绕顾客需要提高产品质量，在本书中，在全面质量管理的技术方法和功用质量属性的基础上，我们应该引入质量的社会属性，把质量管理的目标对象从顾客拓宽到社区居民和社会需要。在将质量与社区居民联系起来的前提下，任何服务或者产品的质量测评标准都必须将社区居民需求与满意度纳入考量，用“以人为本”替代过去单纯以服务项目绩效为中心的发展观，从而切实发挥社会组织功能，提高公共服务供给质量。

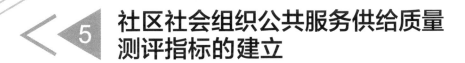

5 社区社会组织公共服务供给质量测评指标的建立

5.1 社区社会组织公共服务供给质量测评的基本维度

5.1.1 指标设计理论来源

根据本书前述对社区社会组织公共服务质量测评的核心概念、内涵特质和指导思想的整理，总结社区社会组织公共服务供给质量时，需要保证人民主体性、价值兼容性、组织贡献性、服务品质性、交易廉洁性。社区社会组织公共服务供给质量测评的一个独特性质在于公共服务购买者与受益者是分离的，如何同时考虑这两个行动主体对于社区组织公共服务质量的态度是测评社区社会组织公共服务供给质量的重点与难点；本书呈现了一个基于两个行动主体的四种服务质量的测评框架，旨在同时关注两个行动主体对于社区社会组织的不同期待，结合社区社会组织提供公共服务的内涵特质与习近平总书记对于社区公共服务的具体思想，通过文献与理论梳理，构建社区社会组织公共服务质量的各个维度及具体指标，以对社区社会组织公共服务供给质量进行全过程、全景式测评。

赫斯科特等（Heskett J L et al，1994）提出的“服务利润链”观点认为承接政府购买公共服务的组织属于“中介客户”，这类组织并非政府本身而是公共服务的代理人，因此对这类组织的评价应该不同于对政府本身提供的公共服务的评价。基于此，本书呈现了公共服务从政府到社会组织再到社区居民的公共服务提供链。在社区社会组织的公共服务供应链中涉及两组关系，即政府和社区社会组织之间的公共服务购买与承接关系，社区社会组织与社区居民之间公共服务提供与受益关系。在这一公共服务供应链中，社区社会组织既扮演公共服务合同的承包商，又扮演社区公共服务的提供者，因此社区社会组织将直接受到两个消费者的质量评价，分别是政府和社区居民。政府将公共服务委托给社区社会组织，然而政府仍然需要对公共服务的提供负责。因此，政府需要关注公共服务价值链中可能出现的质量问题。作为社区公共服务的最终客户，社区居民对社区社会组织公共服务提供的质量有直接感知。基于此，本书将根据两类评价主体的公共服务质量感知，形成四个维度的质量测评体系，分别是与公共服务购买者相关的公共服务设计质量与关系质量、与公共服务受益者相关的公共服务过程质量与结果质量（图 5－1）。接下来本书将结合相关理论，对这四个质量测评维度进行详细说明。

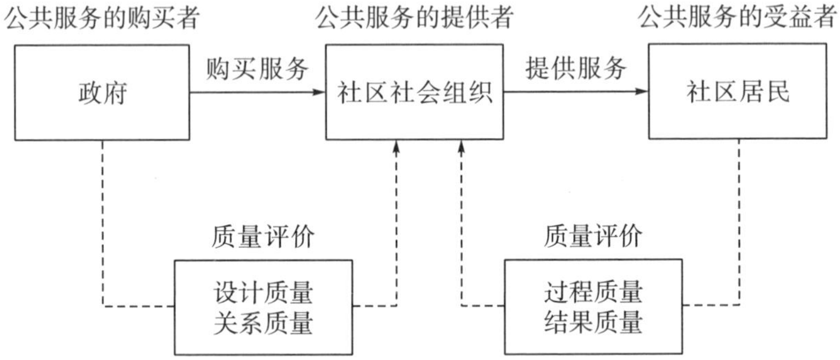

图 5－1　社区社会组织公共服务模型

5.1.2　指标设计维度与具体测量

5.1.2.1　指标设计基本维度

对于社区社会组织公共服务质量的测评主要包括四大维度，分别是基于政府感知的设计质量与关系质量维度、基于社区居民感知的过程质量与结果质量维度。下面将分别对这四个维度进行详细说明。

（1）设计质量。质量指与决策和服务设计相关的客户体验或感知的质量，包含公共服务的设计、公共服务的执行、公共服务资源的保证等内容。首先是服务内容设计上的优越性，即政策的战略充分性、政策措施的战术实质性，以及合同内容的清晰性。其次，设计质量与服务执行原则的适当性相关，即公共服务执行原则的一致性、灵活性和公平性。最后，与设计质量相关的公共服务设计能有充足的资源保证供应，即提供公共服务所需的物质和人力资源的充足程度，以及资源分配的效率。

（2）关系质量。关系质量指作为公共服务发包者，政府与公共服务提供者关系的相关质量。关于关系质量的文献侧重于研究服务提供者和客户之间长期关系交换过程的属性，而基于 SERVQUAL 的研究则主要涉及服务的短期交易（Bennett R，Barkensjo A，2005）。与关系质量相关的一些评价研究一般采用情感变化来衡量关系质量，这些变量包括合作、协调、氛围等。其中，合作主要指与合作伙伴的合作，作为公共服务的承接方在设计与执行公共服务过程中和政府之间是否能进行顺畅的沟通、联合决策、联合活动等。协调则主要指合作机构之间关系的协调和联系，包括确定不同机构的角色和职能，整合公共服务并调解机构之间的冲突等。合作氛围则主要包含人际关系的总体氛围，诸如冲突、亲密、友好、官僚主义、威权主义和繁文缛节等。

（3）过程质量。在商业管理的服务质量研究中，服务质量一般被划分为技术质量（technical quality）和功能质量（functional quality）。其中，技术质量主要指接受服务的客户对服务结果的看法或感知，这类感知主要与客户从服务提供商处实际收到的服务有关。功能质量主要指过程质量，与服务成果的交付方式与过程有关，主要是客户体验或感知到的与服务流程或人员接触相关的质量。这类过程质量与服务的提供方式和流程密切相关，这一维度与 SERVQUAL 测量服务质量直接相关，包括服务提供的有形性、可靠性、承诺性、共情性。其中，有形性指服务的实质可用性，即实际设施、设备、人员和书面材料的外观的可接触性。可靠性指服务的可兑现性，即服务的提供者对于提供可靠的以及符合承诺的服务的能力。承诺性指公共服务的提供者能够激发客户的信任和信心，即服务提供者的知识和礼貌以及激发信任和信心的能力。共情性指公共服务的提供者能够将客户视为个体，对客户给予关怀、个性化的关注。

（4）结果质量。结果质量主要指客户体验或感知到的与服务结果以及所提供服务的个人或社会后果相关的质量。对于不同的公共服务来说，可能存在不同特征的结果质量，例如，在医疗保健服务中，结果质量可能指健康改善；而在互联网服务中，结果质量可能指流量和内容。依旧有一些研究试图澄清结果质量的内在维度，布雷迪、克罗宁（Brady M K，Cronin J J，2001）将等待时间、有形资产和价格作为结果质量的属性，并提出分层服务质量模型。总结来看，这类结果质量包括三类，即效度、物质收益、生活质量。其中，效度主要指服务结果的好坏，即服务是否能提供社区的生活效益。物质收益指服务有形利益的好坏，就公共服务而言则是公共服务能否增加社区的公共性，公共服务提供过程中的程序正义和公众参与服务过程。生活质量则指生活条件的质的变化，诸如健康、生活环境、经济和劳动状况、个人学习机会的变化等。

综上，社区社会组织公共服务质量测评的四个基本维度及具体指标见表 5−1。

表 5−1 社区社会组织公共服务质量测评指标设计

质量类型	质量定义	
维度 1：设计质量（与决策和服务设计相关的客户体验或感知的质量）	政策设计质量：服务设计的本土性与合同的清晰性	政策内容的优越性：政策的战略充分性、政策措施的战术实质性，以及合同内容的清晰性
	政策执行质量：服务执行过程的公共性	政策操作原则的适当性：政策执行原则的一致性、灵活性和公平性
	政策资源：组织提供服务的资源支持	资源充足性：提供公共服务所需的物质和人力资源的充足程度，以及资源分配的效率
维度 2：关系质量（作为公共服务发包者，政府与公共服务提供者的相关质量）	合作：信任	与合作伙伴的合作：沟通、联合决策、联合活动以及支持和授权合作者
	协调：承诺	合作机构之间关系的协调和联系：确定不同机构的角色和职能，整合其服务，调解机构之间的冲突
	氛围：忠诚	人际关系的总体氛围：冲突、亲密、友好、官僚主义、威权主义和繁文缛节
维度 3：过程质量（体验或感知到的与服务流程或人员接触相关的质量）	有形性	服务的实质可用性，实际设施、设备、人员和书面材料的外观的可接触性
	可靠性	服务提供者对于提供可靠的以及符合承诺的服务的能力
	承诺性	服务提供者的知识和礼貌以及激发信任和信心的能力
	共情性	对客户给予关怀、个性化的关注

续表

质量类型	质量定义	
维度 4：结果质量（客户体验或感知到的与服务结果以及所提供服务的个人或社会后果相关的质量）	效度	服务结果的好坏
	物质收益	服务有形利益的好坏
	生活质量	生活条件的质的变化：健康、生活环境、经济和劳动状况、个人学习机会的变化

5.1.2.2 具体测量

结合习近平新时代中国特色社会主义思想、第 2 和第 3 章对社区社会组织公共服务的内涵特质的讨论，以及本章参考的赫斯科特等学者提出的“服务利润链”观点，本书将遵循社区社会组织公共服务质量具体指标设计的一般原则与特殊原则，按照“自上而下”的流程设计社区社会组织公共服务各个指标下的具体测量方法。对于社区社会组织公共服务质量测评的具体指标设计，将采用科学多样的方法来收集相关指标的有效信息，并根据相关原则对具体的指标进行筛选。根据具体情况，拟采用文献调查法与结构化访谈法设计社区社会组织公共服务质量测评的具体指标。

（1）依据文献调查法获取具体指标。在指标设计中使用文献调查法十分常见，使用文献调查法收集指标有几个优点。其一，全面性。通过文献收集获取指标可以不受到时间与空间的限制，保证对社区社会组织公共服务质量测评具体指标的收集能够具有综合性和全面性。其二，客观性。对于相关文献的整合和梳理，能够克服研究者本身对于该项研究的主观感受，超越研究者的知识局限，从而保证获取指标的客观性。其三，权威性。依靠文献收集的相关指标避免了与利益相关者的调查接触，避免了主观判断，文献中的指标均是经过检验而呈现，更加保证了指标使用的权威性。因此，通过梳理和整合相关文献，设计出的具体指标可以更科学系统地反映社区社会组织公共服务质量。本书主要依据全面质量管理理论和赫斯科特等提出的“服务利润链”分析，以获取社区社会组织公共服务质量各个维度的具体测量指标，明确各个指标的具体含义以及背后意涵，建立科学且可测量的社区社会组织公共服务质量测评指标体系。

（2）依据结构化访谈获取具体指标。由于文献的梳理始终是一个封闭的系统，为了保证社区社会组织公共服务质量测评具体指标的设计具有一定的创新与时效性，笔者进行了结构化访谈。这些访谈对象包括相关研究领域的专家以及长期在社区从事政府购买公共服务的专业工作人员，以获得符合研究测评实际领域的合适测评指标。结构化访谈要求对访谈过程的高度控制，从被访谈的对象到访问的过程，都需要严格要求。在结构化访谈中，每个被访谈的对象都会被问到一系列已经准备好的问题，以鼓励他们从不同的侧面对问题进行持续回答与分析，从而可以有针对性地识别社区社会组织公共服务质量各个维度的具体测量指标。本书在使用结构化访谈法获得社区社会组织公共服务质量测评时共有以下几个步骤。

①挑选被访谈对象，主要包括相关研究领域的专家以及长期在社区从事政府购买公共服务工作的专业人员。

②明确访谈目标并设计访谈大纲。

③根据访谈大纲对相应的对象进行访谈，对问题的提问尽量保证是开放式的，并根据被访谈对象的回答进行适度的追问，以深入分析特定问题。

④针对访谈结果进行总结，汇总被访谈对象的意见，形成社区社会组织公共服务质量测评具体测量汇总。

基于上述获取具体测量指标的方法，本书形成了社区社会组织公共服务质量测评的具体测量相关指标，详见表5－2。

表 5−2　社区社会组织公共服务质量测评具体测量与指标来源

一级维度	二级维度	具体测量	指标来源
维度 1：设计质量	1.1　服务设计的本土性	1.1.1　社区社会组织充分和我讨论提供公共服务的设计。 1.1.2　社会组织在设计公共服务时充分考虑了每个社区的不同特征。 1.1.3　社区社会组织十分清楚他们对所在社区提供服务的责任。	文献整理、访谈结果
	1.2　合同的清晰性	1.2.1　与社区社会组织提供公共服务的合同清单按时确认。 1.2.2　购买公共服务签订的合同条款总是明确的。	
	1.3　组织提供服务的资源支持	1.3.1　本社区的社区社会组织具有足够的能力支持。 1.3.2　考评评估结果都是合格以上。 1.3.3　社区社会组织从程序上运行规范（如资金使用、存档管理等）。	
	1.4　服务执行过程的公共性	1.4.1　社区社会组织提供公共服务过程中对服务对象是公平的。 1.4.2　社区社会组织在提供公共服务过程中有备选方案以应对突发情况。 1.4.3　社区社会组织在提供公共服务过程中经常与我联系沟通。 1.4.4　社区社会组织提供公共服务的过程与其签订的合同内容是一致的。	
维度 2：关系质量	2.1　信任	2.1.1　我相信社区社会组织能满足本社区购买公共服务的需求。 2.1.2　我完全信任我所在社区提供公共服务的社区社会组织。 2.1.3　我相信社区社会组织不会欺骗社区居民。 2.1.4　我相信社区社会组织不存在程序违规行为。	文献整理、访谈结果

续表

一级维度	二级维度	具体测量	指标来源
维度 2：关系质量	2.2 承诺	2.2.1 我觉得自己与社区社会组织有联系。 2.2.2 我在其他同事和外部合作伙伴面前愿意维护我的社区社会组织。 2.2.3 我非常自豪社区内有这样的社区社会组织。	文献整理、访谈结果
	2.3 忠诚	2.3.1 我将继续向社区内的社会组织购买公共服务。 2.3.2 我肯定会把我的社区社会组织推荐给其他社区。	
维度 3：过程质量	3.1 有形性	3.1.1 我可以很方便地接触到社区社会组织提供的公共服务。 3.1.2 社区社会组织工作人员在工作时间穿着制服或正式服装，看上去整洁。 3.1.3 社区社会组织使用的服务设施与所提供服务保持一致。例如，提供文娱活动时总有场地和设施的支持。	文献整理、访谈结果
	3.2 可靠性	3.2.1 社区社会组织了解需要服务的居民，尤其是在需要立即响应的情况下。 3.2.2 社区社会组织有专业合格的人员，他们可以完成工作，并在需要时进一步协助社区居民。 3.2.3 社区社会组织总是按时向社区居民提供服务，没有拖延的情况。 3.2.4 社区社会组织向居民提供服务时一般都有准确的记录，并对记录做好保存。	
	3.3 承诺性	3.3.1 社区社会组织工作人员始终告知居民提供服务的具体时间。 3.3.2 社区居民有需求时，社区社会组织会立即接待这些居民。	
	3.4 共情性	3.4.1 社区社会组织工作人员对居民都提供了个人关注，以了解居民的需求，并提供对应的服务。 3.4.2 我觉得社区社会组织的工作人员对我是有求必应的，且服务周到。 3.4.3 我觉得社区社会组织工作人员是值得信赖的，他们提供的服务能够关注到个人的需求。	

续表

一级维度	二级维度	具体测量	指标来源
维度 4： 结果质量	4.1　服务效率	4.1.1　社区社会组织的公共服务是有益的。 4.1.2　社区社会组织的公共服务提升了社区的整体环境。 4.1.3　社区社会组织的公共服务减轻了社区居民的生活负担。	文献整理、 访谈结果
	4.2　公共性	4.2.1　社区社会组织的公共服务提高了居民的生活水平。 4.2.2　社区社会组织的公共服务增进了居民之间的交往。 4.2.3　社区社会组织的公共服务增加了居民参与社区公益活动的程度。 4.2.4　我更加信任自己所在的社区了。	
	4.3　个人生活感受	4.3.1　社区社会组织的公共服务增加了我参与社区活动的机会。 4.3.2　社区社会组织的公共服务提升了我在社区生活中的幸福感。 4.3.3　社区社会组织的公共服务提升了我在社区生活中的安全感。 4.3.4　我认为我是社区社会组织公共服务的受益者。	

5.2　社区社会组织公共服务质量评价指标权重设计与评价方法

根据社区社会组织公共服务质量的特性，进行测量的数据来源包含与政府质量测评相关的社区社会组织公共服务的设计质量与关系质量两个维度，与社区居民质量测评相关的社区社会组织公共服务的过程质量与结果质量的两个维度。对于两类来源四个维度的质量测评，本书主要采用层次分析法进行权重计算，并采用模糊综合评价法及加权平均法对社区社会组织公共服务质量进行综合评价。

5.2.1 层次分析法

针对社区社会组织公共服务质量的测评过程，主要是一个系统综合评价过程。在系统综合评价技术应用过程中，为不同质量维度赋权是测评的重要环节。在权重计算选择方法方面，本书采用层次分析法，以下将具体阐述通过层次分析法进行权重确定的过程。

5.2.1.1 层次分析结构的建立

根据层次分析法的操作步骤，按照最高层、若干中间层和最底层的形式排列出来，可以将整个指标体系视为一个完整系统。在此系统中，每一准则层又成为各自独立的子系统。各层具体内容如下。

第一层：目标层

目标层只有一个因素，在本书中即进行评估的社区社会组织公共服务质量。

第二层：准则层Ⅰ

准则层可以有多个因素，在本书中准则层Ⅰ即社区社会组织公共服务质量的四个一级指标——设计质量、关系质量、过程质量与结果质量。

第三层：准则层Ⅱ

在本书中准则层Ⅱ即社区社会组织公共服务质量测评的四个一级指标下属的 14 个二级指标：服务设计的本土性、合同的清晰性、组织提供服务的资源支持、服务执行过程的公共性、信任、承诺、忠诚、有形性、可靠性、承诺性、共情性、服务效率、公共性、个人生活感受。

第三层：指标层或方案层

指标层或方案层是准则层下的具体指标或参量。在本书中即准则层Ⅱ中子指标下设的具体题项问题。

5.2.1.2 构造判断矩阵

判断矩阵的构造是基于对每个层级内不同元素的两两比较而来的。本书采用了由塞蒂（Saaty）等人提出的一致矩阵法，专家将根据每个层级不同元素的比较结果，将不同的元素进行两两比较，并进行不同的赋值。在某一层级内，A_i 和 A_j 两个指标哪一个对于上一层级的影响更大，对它们进行两两对比，并按其重要性程度评定等级（表 5−3）。

表 5−3 Saaty 标度说明表

相对重要性（X_i/X_j）	定义	说明
1	同等重要	两者对目标贡献相同
3	稍微重要	稍有差异
5	基本重要	有差异
7	确实重要	差异明显
9	绝对重要	重要性明显
2、4、6、8	相邻两程度之间	需要折中时使用

根据专家的打分对一个层级内所有指标进行两两打分的结果，构建了这一层级的判断矩阵 $\mathbf{A} = (a_{ij})_{n\times n}$（表 5−4）。

表 5−4 构造判断矩阵

指标	A_1	A_2	…	A_n
A_1	a_{11}	a_{21}	…	a_{n1}
A_2	a_{12}	a_{22}	…	a_{n2}
…	…	…	…	…
A_n	a_{1n}	a_{2n}	…	a_{nn}

5.2.1.3 层次单排序

在构造出判断矩阵之后，需要对每一层级的指标权重进行计算，即层次单排序。这一过程需要借助特征根来进行，具体步骤如下。

将矩阵 **A** 按列归一化：

$$b_{ij} = \frac{a_{ij}}{\sum_{i=1}^{n} a_{ij}} (i, j = 1, 2, \cdots, n) \tag{5-1}$$

将每一列经正规化后的判断矩阵按行相加：

$$W_i = \sum_{j=1}^{i} b_{ij} \tag{5-2}$$

将得到的和向量归一化，即得权重向量：

$$\overline{W}_i = \frac{W_i}{\sum_{i=1}^{n} W_i} (i = 1,2\cdots n) \quad (5-3)$$

计算矩阵最大特征根：

$$\lambda_{\max} = \sum_{i=1}^{n} \frac{[A\overline{W}_i]}{n(\overline{W}_i)_i} \quad (5-4)$$

5.2.1.4 一致性检验

在各类因素影响之下，矩阵中指标间的排序不易出现完全一致的情形。为了保证指标权重排序结果的有效性和准确度，应该对指标之间的比较结果进行一致性的检验。一致性检验的步骤如下。

计算矩阵 **A** 的最大特征根 $\lambda_{\max}$。

求一致性指标：

$$C.I. = \frac{\lambda_{\max} - n}{n - 1} \quad (5-5)$$

平均随机一致性指标 $R.I.$ 见表 5−5。

表 5−5 平均随机一致性指标 *R.I.*（Random Index）

阶数	1	2	3	4	5	6	7	8	9
R.I.	0.00	0.00	0.52	0.90	1.12	1.24	1.35	1.42	1.46

计算一致性比率 $C.R.$（Consistency Ratio）：

$$C.R. = \frac{C.I.}{R.I.} \quad (5-6)$$

当 $C.R. < 0.1$ 时，即可认为计算结果具有满意的一致性。

5.2.1.5 层次总排序

层次总排序表示最底层所有指标对于总目标相对重要性的排序权值过程。利用同一层次中所有层次单排序的结果，便可计算出本层次所有因素重要性的权值。层次总排序一般按照从上到下逐层进行，下一层的指标权重由上一层的指标权重加总而得。因此，对层次单排序中的各指标值的权重进行层次总排序，就可以得到在整个评价指标体系中各指标的权重。

5.2.2　模糊综合评价法

确定指标具体的权重之后，对于已识别的风险因素需要通过模糊综合评价法进行评估，具体过程如下。

5.2.2.1　确定评价的因素集

因素集指综合评价中各评价因素所组成的集合。因素集的数量因具体评价指标的层级和维度的不同而不同。在本书中，目标层因素集由准则层的各个因素集合而成，准则层因素集由指标层的各个因素集合而成。

一般设准则层因素集为：

$$U=\{u_1,u_2,\cdots,u_n\}$$

指标层因素集为：

$$U_1=\{u_{11},u_{12},\cdots,u_{1k}\}$$
$$U_2=\{u_{21},u_{22},\cdots,u_{2k}\}$$
$$U_m=\{u_{m1},u_{m2},\cdots,u_{mk}\}$$

第三层指标因素集为：

$$U_{11}=\{u_{111},u_{112},\cdots,u_{11q}\}$$
$$U_{12}=\{u_{121},u_{122},\cdots,u_{12q}\}$$
$$U_{mk}=\{u_{mk1},u_{mk2},\cdots,u_{mkq}\}$$

5.2.2.2　确定评语集

评语等级是用来评价各个因素的模糊概念，是对于现状描述的具体情况构成的集合。评语集合使得模糊综合评价得到一个模糊评价向量。评语集一般表示为：

$$V=\{V_1,V_2,\cdots,V_p\}$$

根据评语集的特性，不论进行评估的问题的评价层次有多少，评语集只有1个。一般来说，评语等级的个数 p 通常大于4而不超过9。评语等级一般作为调查问卷中的答案选项出现。根据本书的需要，专家对政府向社会组织购买公共服务的风险现状进行评价，5级态度分别是很好、好、一般、不好和很不好。当然，根据问题的不同，可能出现的答案也不同，但是这一语义的变化不影响评语集的赋值。

5.2.2.3 建立权重集

在进行模糊综合评价的过程中，必须给出各个因素在总评价中的重要程度，即在因素集U上给出一个模糊子集，根据不同层次中各个因素的重要程度，分别赋予每个因素以相应的权重值，即a_i为因素u_i（$i=1$，2，…，m）在总评价中的影响程度大小的度量，则各权重集如下所示。

第一层次：

$$A = \{a_1, a_2, \cdots, a_m\}$$

第二层次：

$$A_i = \{a_{i1}, a_{i2}, \cdots, a_{im}\}$$

第三层次：

$$A_{ij} = \{a_{ij1}, a_{ij2}, \cdots, a_{ijm}\}$$

5.2.2.4 一级模糊综合评价

对因素集U中某个单因素$u_i(i = 1,2,\cdots,m)$做单因素评价，从因素u_i确定该因素集对评语集$v_i(i = 1,2,\cdots,m)$的隶属度从而得出第i个因素u_i的单因素评价集，其中γ_{ij}为因素u_i在第j个评语上响应人数占总数的百分比：

$$\gamma_i = \{\gamma_{i1}, \gamma_{i2}, \cdots, \gamma_{im}\}$$

将得出指标层的单因素的判断集合进行汇总得出评判矩阵$\boldsymbol{R}$：

$$\boldsymbol{R} = \begin{bmatrix} \gamma_{11} & \cdots & \gamma_{1n} \\ \vdots & \ddots & \vdots \\ \gamma_{m1} & \cdots & \gamma_{mn} \end{bmatrix}$$

其中矩阵$\boldsymbol{R}$中n为评语等级的数量，m为指标的个数。已知因素权重A和模糊关系矩阵$\boldsymbol{R}$，通过$\boldsymbol{R}$与A的模糊合成，便计算得出评语集V上的模糊子集B。称B为评语集V上的模糊综合评价集，$b_j(j = 1,2,\cdots,n)$为等级（评语）v_j对综合评价所得模糊评价集B的隶属度。

$$B=\boldsymbol{A}*\boldsymbol{R}=[a_1,a_2,\cdots,a_m]*\begin{bmatrix}\gamma_{11} & \cdots & \gamma_{1n}\\ \vdots & \ddots & \vdots\\ \gamma_{m1} & \cdots & \gamma_{mn}\end{bmatrix}=(b_1,b_2,\cdots,b_n) \tag{5-7}$$

其中，m 为指标数；n 表示评价等级；γ_{ij} 表示第 i 个指标中第 j 个评语上响应人数占总数的百分比；$*$ 表示模糊合成运算过程。

5.2.2.5 二级模糊综合评价

为了得到目标层的模糊综合评价结果，继续求出准则层的模糊综合评价，必须进行二级模糊综合评价。

一级模糊综合评价结果设所得模糊综合评价集分别为：

$$B_{11}=A_{11}*\boldsymbol{R}=(b_{111},b_{112},\cdots,b_{11n})$$

$$B_{12}=A_{12}*\boldsymbol{R}=(b_{121},b_{122},\cdots,b_{12n})$$

$$B_{1s}=A_{1s}*\boldsymbol{R}=(b_{1s1},b_{1s2},\cdots,b_{1sn})$$

则二级模糊综合评价的单因素评价矩阵 $\boldsymbol{R}$ 为：

$$\boldsymbol{R}=\begin{bmatrix}B_{11}\\ B_{12}\\ \vdots\\ B_{1s}\end{bmatrix}=\begin{bmatrix}b_{111} & b_{112} & \cdots & b_{11n}\\ b_{122} & b_{122} & \cdots & b_{12n}\\ \vdots & \vdots & \ddots & \vdots\\ b_{1s1} & b_{1s2} & \cdots & b_{1sn}\end{bmatrix}$$

于是，二级模糊综合评价集 B 为：

$$B=A*\boldsymbol{R}=\begin{bmatrix}B_{11}\\ B_{12}\\ \vdots\\ B_{1s}\end{bmatrix} \tag{5-8}$$

5.2.2.6 三级模糊综合评价

由于实际问题的差异，存在不同层级的模糊评价综合，为了计算出目标层的评价结果，本书需要在二级模糊综合评价的基础上进行三级模糊综合评价。

进行二级模糊综合评价结果，设所得模糊综合评价集分别为：

$$B_1=A_{11}*\boldsymbol{R}=(b_{11},b_{12},\cdots,b_{1n})$$

$$B_2 = A_{12} * \boldsymbol{R} = (b_{21}, b_{22}, \cdots, b_{2n})$$

$$B_s = A_{1s} * \boldsymbol{R} = (b_{s1}, b_{s2}, \cdots, b_{sn})$$

三级模糊综合评价的单因素评价矩阵 $\boldsymbol{R}$ 为：

$$\boldsymbol{R} = \begin{bmatrix} B_1 \\ B_2 \\ \vdots \\ B_s \end{bmatrix} = \begin{bmatrix} b_{11} & b_{12} & \cdots & b_{1n} \\ b_{22} & b_{22} & \cdots & b_{2n} \\ \vdots & \vdots & \ddots & \vdots \\ b_{s1} & b_{s2} & \cdots & b_{sn} \end{bmatrix}$$

三级模糊综合评价集 $\boldsymbol{R}$ 为：

$$B = A * \boldsymbol{R} = \begin{bmatrix} B_1 \\ B_2 \\ \vdots \\ B_s \end{bmatrix} \tag{5-9}$$

5.2.2.7 模糊综合评价结果处理

对于模糊综合评价得出的最终结果是一个隶属度的模糊向量，如何确定得出的结果是否有效，需要对模糊向量进行分析，常用的分析方法有最大隶属度法原则、模糊向量单值化等，本书采用最大隶属度原则。设模糊综合评价结果向量为 $B = (b_1, b_2, \cdots, b_n)$，若 $b_k = \max\limits_{1 \leqslant j \leqslant n} \{b_j\}$，则被评价对象总体上来讲隶属于 k 等级，即最大隶属度原则。

5.2.2.8 模糊合成算子模型的选择

模糊综合评价法的主要采用的算法是模糊合成算子，这是一种合成算法，不同算子的选择取决于实际问题的需要，表 5－6 列举了一些算子的算法。根据本书的具体情况，拟采用模型（. ，+）进行模糊合成计算。

表 5－6 模糊合成算子比较

算子模型	算法	适用
模型（∧ ，∨）	$b_j = \bigvee\limits_{m}^{i=1} (a_i \wedge \gamma_{ij})$	单项评价最优作为综合最优
模型（. ，∨）	$b_j = \bigvee\limits_{m}^{i=1} (a_i \cdot \gamma_{ij})$	主因素突出性评价

续表

算子模型	算法	适用
模型（∧，⊕）	$b_j = \min\left\{1, \sum_{i=1}^{m}(a_i \wedge \gamma_{ij})\right\}$	主因素突出性评价，取小运算会丢失信息
模型（∧，+）	$b_j = \sum_{i=1}^{m}\left(a_i \wedge \frac{\gamma_{ij}}{\sum_{k=1}^{m}\gamma_{ij}}\right)$	同时考虑各种评价因素的评价
模型（.，+）	$b_j = \sum_{i=1}^{m}(a_i \cdot \gamma_{ij})$	加权平均型综合评价

5.2.2.9 综合计算风险等级

根据上文计算出的隶属度矩阵 $\boldsymbol{B}$ 加之评语集矩阵 $\mathbf{V}$，可以综合计算出评价的得分：

$$F = \boldsymbol{B} * \mathbf{V}^{\mathrm{T}}$$

5.2.3 加权平均法

本书针对社区社会组织公共服务质量测评的数据来源，包含与政府质量测评相关的社区社会组织公共服务的设计质量与关系质量两个维度，以及与社区居民质量测评相关的社区社会组织公共服务的过程质量与结果质量的两个维度。这两类来源不同的测评结果难以通过模糊综合评价法进行综合汇总。因此，对于社区社会组织公共服务质量测评最终结果的计算需要采用加权平均的方法进行评价。加权平均法是一种较为普遍的评价方法，这个方法是赋予每个属性相应的权重之后，对每个方案的属性进行加权求和。具体公式如下：

$$U_i = \sum_{j=i}^{n} w_j V_j(x_{ij})$$

其中，U_i 为评价方案的加权综合值，x_{ij} 为第 i 个样本的第 j 个指标值，$V_j(x_{ij})$ 为 x_{ij} 的价值值，w_j 表示第 j 个属性的权系数。

采用加权平均法简单适用，但要求评价的指标之间需要互相独立并相互补偿，本书形成的指标体系基本可以满足这些要求。

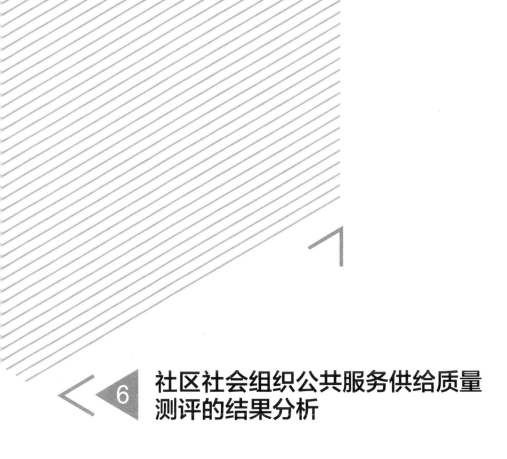

6 社区社会组织公共服务供给质量测评的结果分析

6.1 数据来源与资料收集

6.1.1 调研来源

民政部印发的《培育发展社区社会组织专项行动方案（2021—2023年）》，提出从2021年起要用3年时间，开展培育发展社区社会组织专项行动，着力促进社区社会组织健康有序发展。随后，各地方政府出台相应政策着力发展本地区内的社区社会组织。本书从全国范围选取了深圳市、苏州市、合肥市、长春市以及成都市5个具有经济与社区建设代表性的城市，共抽取35个社区，作为本书的社区社会组织公共服务质量测评的样本框。

深圳市是广东省副省级市，全市下辖9个行政区和1个新区，总面积1997.47平方千米，建成区面积956平方千米，全市常住人口1766.18万人，地区生产总值32387.68亿元。① 根据2023年《深圳社会组织蓝皮书：深圳社会组织发展报告（2022—2023）》，截至2023年3月31日，深圳市社会组织登记总数为10486家，其中，民办非企业单位5136家，基金会475家，社会团体4875家。深圳市正大力着重发展社区社会组织，通过微基金激发社区社会组织活力。截至2023年9月30日，深圳已拥有6233家社区社会组织，主要分布在文化、体育和社会服务三大领域。

苏州市是江苏省辖地级市，下辖5个区，代管4个县级市，总面积8657.32平方千米，全市常住人口1291.1万人，地区生产总值23958.34亿元。苏州市长期以来一直重视积极培育和发展社区社会组织。自2006年以来，

---

① 各城市数据均来自对应城市的2022年政府统计公报。

苏州市民政局先后印发《关于进一步做好社区（村）民间组织登记管理工作的意见》《关于进一步规范社区社会组织备案工作的通知》等文件，积极扶持并规范管理社区社会组织的发展。2011 年开始对所有社区社会服务类社会组织进行直接登记试点，苏州市社区社会组织登记总数有 1800 家，备案总数 2 万余个，在推进城乡社区建设中发挥了积极作用。

合肥市是安徽省辖地级市，全市下辖 4 个区、4 个县，代管 1 个县级市，总面积 11445 平方千米，全市常住人口为 963.4 万人，地区生产总值 12013.1 亿元。2019 年合肥市民政局印发《合肥市关于通过政府购买支持社会组织健康有序发展的实施方案》，要求到 2020 年，力争每个城市社区平均拥有不少于 10 个社区社会组织，并着重培育发展社区服务、社会事务、文化体育、慈善救助、法律维权等五类社区社会组织，推动社会组织在加强社区建设中发挥作用。

长春市是吉林省副省级市，下辖 7 个区、1 个县，代管 3 个县级市，总面积 24592 平方公里，全市常住人口为 906.54 万人，地区生产总值 6744.56 亿元。长春市社区社会组织培育工作相对较晚开始，发展社区社会组织的工作主要集中在降低准入门槛、探索社会组织直接登记、实行备案管理、参与社区服务等方面。截至 2020 年 7 月，长春市共有 3306 家社区社会组织。为响应民政部提出的行动方案，长春市着力对社区社会组织进行打造，争取到 2023 年年底培育品牌社区社会组织 50 家，形成 100 个社区社会组织品牌服务项目。

成都市是四川省副省级市，下辖 12 个市辖区、5 个县级市以及 3 个县，面积 14335 平方千米。截至 2022 年末，常住人口为 2126.8 万人，地区生产总值达 20817.5 亿元。成都市十分重视社区社会组织建设，在市级财政预算中设立“培育发展社会组织专项资金”以扶持项目方式培育发展社会组织，并大力实施社区总体营造项目，每年投入支持社区营造的资金超过 15 亿元。在 2019 年成都市的社会组织数量已经超过 1100 个。在 2021 年成都市社区社会组织发展三年行动计划的规划中，成都市将主要发展公益性、互助性以及服务性社区社会组织，并力争在成都市区（市）县 50％的镇（街道）成立枢纽型社区社会组织。

从这 5 个城市的分布地区来看，这些城市分别位于东北、华中、华东、华南以及西南等不同的地域，不仅包含社区社会组织建设发展较为成熟的成都、深圳等城市，也包含社区社会组织发展起步较晚的城市。本书从全国选取这 5 个城市中的 35 个社区进行社区社会组织公共服务质量的评估，从这 5 个城市抽取的 35 个社区的基本情况详见表 6-1。本书仅关注每个社区的自身的特征，并保证研究的伦理性，因此对所有调查的社区进行匿名化处理。

表 6-1 社区基本情况描述（2021 年）

社区编码	社区人口（人）	发包公共服务项目数（个）	社会组织数量（个）	是否有本社区社会组织	社区社会组织平均年限（年）	公共服务合同年限（年）	公共服务金额（元）	人均公共服务费用（元/人）
1	24600	7	5	是	4.96	0.83	80142.86	22.80
2	4000	2	2	是	1.82	1.00	99000.00	49.50
3	12000	3	2	是	1.83	1.58	54333.33	13.58
4	14000	7	7	否	4.45	0.79	78357.14	39.18
5	22000	3	3	否	3.97	0.64	43243.00	5.90
6	10000	1	1	是	3.00	1.00	200000.00	20.00
7	3600	3	3	否	2.31	0.83	22966.67	19.14
8	45115	7	7	否	3.15	0.57	75714.29	11.75
9	11705	2	2	否	4.13	1.00	85000.00	14.52
10	20000	3	3	否	2.74	1.00	90000.00	13.50
11	4800	14	12	是	3.89	1.00	38455.71	112.16
12	35000	5	4	否	3.99	1.00	119719.20	17.10
13	3000	2	2	否	3.5	1.00	181000.00	120.67
14	17000	4	4	否	6.54	1.00	65000.00	15.29
15	13000	6	4	是	5.69	1.00	56666.67	26.15
16	30000	5	5	否	4.19	1.00	105812.80	17.64
17	34886	6	3	否	4.48	1.00	43383.33	7.46
18	9605	4	4	否	6.11	1.00	125000.00	52.06
19	8000	6	6	是	4.91	1.00	72089.41	54.07
20	6800	2	2	否	4.75	1.00	33500.00	9.85
21	15000	3	3	否	1.33	1.00	83469.22	16.69

续表

社区编码	社区人口（人）	发包公共服务项目数（个）	社会组织数量（个）	是否有本社区社会组织	社区社会组织平均年限（年）	公共服务合同年限（年）	公共服务金额（元）	人均公共服务费用（元/人）
22	12000	3	3	是	2.00	1.00	105416.11	31.38
23	17000	3	3	是	2.33	1.00	79250.00	18.39
24	28000	3	3	否	2.00	0.83	470000.00	16.79
25	5383	2	2	否	1.00	1.00	190000.00	35.30
26	13492	5	3	否	6.00	1.00	299000.00	22.16
27	10000	5	4	否	4.50	1.00	320000.00	32.00
28	16472	3	3	是	3.00	1.00	230000.00	13.96
29	24000	2	2	否	4.00	1.00	350000.00	14.58
30	27000	4	4	否	3.75	1.00	400000.00	14.81
31	13172	3	2	否	3.75	1.00	200000.00	15.18
32	13000	2	2	否	5.50	0.80	43000.00	3.31
33	13000	2	2	是	5.00	1.00	50000.00	3.85
34	12000	4	2	是	6.00	1.00	150000.00	12.50
35	10000	1	1	否	8.00	1.00	40000.00	4.00

6.1.2 数据收集

本书主要使用问卷调查法对社区社会组织公共服务质量进行测评与分析。问卷调查主要使用严格设计的问卷，通过被调查对象的书面作答来收集所需的研究数据，是用书面形式间接搜集研究需要信息的一种调查研究手段。本书将根据研究对象的不同，分为三个部分进行数据收集。

第一，对理论研究界与政府实践界的社区社会组织工作专家进行问卷调查，旨在对本书设计的社区社会组织公共服务质量评价体系中的各个评价指标进行权重估计。这一部分主要采用层次分析法问卷，层次分析法的问卷主要采用两两分析的矩阵形式，将需要获得权重的维度指标进行两两比对，要求专家根据比对的结果给出重要性打分，具体问卷见附录 1。

第二，对35个社区中对接社区社会组织公共服务的社区干部进行政府感知部分问卷调查，以测评与政府有关的设计质量和关系质量维度的社区社会组织公共服务质量。社区干部的直接感知问卷则依据每个问题设计出五级李克特量表，将根据设计出的具体指标一一列举，按照现有的状态程度分为五个层次，分别是1（非常不同意）、2（不同意）、3（一般）、4（同意）、5（非常同意）。至于用于模糊综合评价的问卷，将根据设计出的具体指标一一列举，按照现有的状态程度分为五个层次，用百分制表示，其中，20分表示“非常不同意”所描述的现实状态，40分表示“不同意”，60分表示“一般”，80分表示“同意”，100分表示“非常同意”。调查对象需要对各个指标的现实状态做出自己的判断，并给出相应的选项，具体调查问卷见附录2。

第三，对35个社区中接受社区社会组织公共服务的社区居民进行问卷调查，以测评与社区居民感知有关的过程质量与结果质量维度的社区社会组织公共服务质量，此一部分主要旨在获得模糊综合评价法需要的评语集数据。该问卷的形式与社区干部的问卷相同，具体调查问卷见附录2。

研究中的问卷调查均采用访员面访的形式，通过让被调查者直接填答的方式，以保证调查的质量。在收集三个部分的问卷调查结果之后，将基于数据整理，运用统计分析方法对专家意见进行分析处理，并通过层次分析法、模糊综合评价法和加权平均法进行实证计算，评估社区社会组织公共服务质量情况。

首先，针对旨在分析社区社会组织公共服务质量测评不同维度的权重计算的问卷部分，本书采用层次分析法进行。层次分析的判断矩阵以问卷形式发给专家进行填写，笔者共发放20份问卷，回收18份，回收率为90%。其中包括教授9人，副教授5人，讲师4人，确保样本具有较高的权威性。

其次，针对社区干部评价的社区社会组织公共服务质量问卷，笔者直接对接了35个社区直接负责社区社会组织公共服务工作的社区干部进行问卷调查与部分访谈，发放35份问卷，回收35份问卷。

最后，针对社区居民评价社区社会组织公共服务质量的问卷，笔者分别走访了35个社区的社区居民，平均每个社区发放问卷25份，共计875份，回收865份，回收率为99%。

本书具体的调研对象及其分布见表6-2。

表 6-2　评估问卷来源的具体调研对象及其分布

问卷主要来源	说明	人数分布（人）
专家	从事社区社会组织研究的专家	18
社区干部	在社区内直接与社区社会组织对接的社区干部	35
社区居民	在社区中社会组织公共服务的受益者	865

6.2　社区社会组织公共服务质量测评指标分析

本部分主要是在考察本书建构的评价指标的适合度，以考察质量测评的具体指标是否可以准确测量社区社会组织的公共服务质量。

6.2.1　质量测评指标的信度分析

对信度的检验一般分为外部信度和内部信度，其中内部信度主要通过内部一致性信度来考察，即问卷中选用的几个问题是否都在准确地测量一个概念。内部一致性信度，主要反映的是测验每一个维度下面各个题组之间的关系，考察测验的各个题组是否测量或表示了相同的内容或特质。内部一致性测量常用的检验方法是 Cronbach α 系数，其公式为：

$$\alpha = \frac{k}{k-1} \cdot \left(1 - \frac{\sum_{i=1}^{k} S_i^2}{S^2}\right)$$

其中，k 为量表中题项的题项数；S_i^2 为观测样本方差，即第 i 题得分的方差；S^2 为总样本方差，即全部题项总得分的方差。

一般来说，Cronbach α 系数的值在 0 到 1 之间。如果 Cronbach α 系数不超过 0.6，则表示内部一致信度不足；当 Cronbach α 系数达到 0.7～0.8 时，表示量表具有相当的信度；当 Cronbach α 系数为 0.8～0.9 时，说明量表信度非常好。不同的研究对于 Cronbach α 系数的要求各异，但一般情况下，如果在研究中 Cronbach α 系数达到 0.6，即可认为是可接受的。几个维度指标的可靠性分析结果如表 6-3 所示。

表 6—3 社区社会组织公共服务质量测评各维度可靠性分析结果

一级维度	二级维度	相关系数 Cronbach α	指标数量
设计质量	1.1 服务设计的本土性	0.847	3
	1.2 合同的清晰性	0.795	2
	1.3 组织提供服务的资源支持	0.842	3
	1.4 服务执行过程的公共性	0.847	4
关系质量	2.1 信任	0.889	4
	2.2 承诺	0.834	3
	2.3 忠诚	0.823	2
过程质量	3.1 有形性	0.897	3
	3.2 可靠性	0.811	4
	3.3 承诺性	0.836	2
	3.4 共情性	0.933	3
结果质量	4.1 服务效率	0.591	3
	4.2 公共性	0.752	4
	4.3 个人生活感受	0.919	4

通过表 6—3 可见，本书使用 SPSS 20.0 的可靠性分析，对几个维度体系进行 Cronbach α 系数法检验，得出的结果均大于 0.5，表明设计的几个测量维度具有很高的信度。

6.2.2 质量测评指标的效度分析

对于效度的检验一般分为内容效度与结构效度，而本书对于效度的检验重点在结构效度上。结构效度指一个问卷的各项维度是否能够实际测量到其假设的理论结构。对于结构效度最好的检验方法是因子分析法。本书采用因子分析法对数据进行效度分析，在进行因子分析前，需要进行抽样充分性测度（Kaiser-Meyer-Olkin，KMO）检验和 Bartlett 球形检验。

KMO 是用以测量变量间相关关系强弱的重要指标。通过比较两个变量之间的相关系数与偏相关系数得到测度值，KMO 越接近 1，那么说明变量之间共性越强。如果偏相关系数高于相关系数，那么 KMO 比较低，因子分析难以取得很好的数据约化效果。其判断标准为：KMO 值为 0.00～0.49，不能接受；0.50～0.59，非常差；0.60～0.69，勉强接受；0.70～0.79，可以接受；0.80～0.89，较好；0.90～1.00，非常好。

Bartlett 球形检验基于相关系数矩阵，用于检验相关系数矩阵是否为单位矩阵。如果 Bartlett 球形检验结果显著，说明该相关系数矩阵不是单位矩阵，适合进行因子分析；如果检验结果不显著，则数据不适合进行因子分析。

通过上文分析，本书的风险因素可以分为两个部分进行因子分析：第一部是社区干部对社区社会组织公共服务的质量测评，包含设计质量和关系质量两个维度。第二部分为社区居民对社区社会组织公共服务质量测评，这一部分包含的两个维度为过程质量和结果质量。

6.2.2.1 社区社会组织公共服务质量测评指标检验（以社区干部为调查对象）

（1）设计质量测评维度检验。依据前文描述，设计质量维度包括服务设计的本土性、合同的清晰性、组织提供服务的资源支持、服务执行过程的公共性四个主要方面，其中 KMO 和 Bartlett 的检验结果如下（表 6—4）：

表 6—4 KMO 和 Bartlett 的检验结果

取样足够度的 Kaiser-Meyer-Olkin 度量		0.865
Bartlett 球形检验	近似卡方	277.061
	df	66
	Sig.	0.000

检验结果显示 KMO 值为 0.865，Bartlett 球形检验达到显著水平（$p=0.000<0.001$），说明样本数据基本适合进行因子分析。

采用因子分析法进行最大方差法正交旋转，最终提取特征值大于 1 的因子，有 4 个因子被识别出来（表 6—5），正交旋转后得到的因子负荷矩阵如表 6—6 所示。

表 6—5 设计质量测评维度解释总方差

成分	初始特征值			旋转平方和载入		
	合计	方差的百分比	累积百分比	合计	方差的百分比	累积百分比
1	6.924	0.809	0.809	2.060	0.241	0.241
2	0.784	0.092	0.901	2.001	0.234	0.475
3	0.613	0.072	0.973	1.954	0.228	0.703
4	0.346	0.040	1.013	1.901	0.222	0.925

表 6—6 设计质量测评维度正交旋转后因子负荷矩阵表

具体测量	成分			
	1	2	3	4
1.1.1 社区社会组织充分和我讨论提供公共服务的设计。	0.196	0.468	0.366	0.285
1.1.2 社区社会组织在设计公共服务时充分考虑了每个社区的不同特征。	0.318	0.304	0.133	0.267
1.1.3 社区社会组织十分清楚他们对所在社区提供服务的责任。	0.300	0.734	0.193	0.202
1.2.1 与社区社会组织提供公共服务的合同清单按时确认。	0.201	0.702	0.283	0.261
1.2.2 购买公共服务签订的合同条款总是明确的。	0.102	0.350	0.644	0.429
1.3.1 本社区的社区社会组织具有足够的能力支持。	0.732	0.199	0.309	0.355
1.3.2 考评评估结果都是合格以上。	0.427	0.171	0.280	0.752
1.3.3 社区社会组织从程序上运行规范(如资金使用、存档管理等)。	0.293	0.443	0.548	0.180
1.4.1 社区社会组织提供公共服务过程中对服务对象是公平的。	0.202	0.160	0.753	0.286
1.4.2 社区社会组织在提供公共服务过程中有备选方案以应对突发情况。	0.790	0.236	0.065	0.276
1.4.3 社区社会组织在提供公共服务过程中经常与我联系沟通。	0.405	0.275	0.305	0.327

续表

具体测量	成分			
	1	2	3	4
1.4.4 社区社会组织提供公共服务的过程与其签订的合同内容是一致的。	0.383	0.338	0.364	0.684

(2) 关系质量测评维度。依据前文描述，与设计质量包括信任、承诺、忠诚三个主要维度，其中 KMO 和 Bartlett 的检验结果如表 6-7 所示。

表 6-7 KMO 和 Bartlett 的检验结果

取样足够度的 Kaiser-Meyer-Olkin 度量		0.867
Bartlett 球形检验	近似卡方	214.371
	df	36
	Sig.	0.000

检验结果显示 KMO 值为 0.867，Bartlett 球形检验达到显著水平（$p=0.000<0.001$），说明样本数据基本适合进行因子分析。

采用因子分析法进行最大方差法正交旋转，最终提取的因子有 3 个因子被识别出来（表 6-8），正交旋转后得到的因子负荷矩阵如表 6-9 所示。可见因子分析效果良好，表明与关系质量有关的质量评价量表可以接受。

表 6-8 关系质量测评维度解释总方差

成分	初始特征值			旋转平方和载入		
	合计	方差的百分比	累积百分比	合计	方差的百分比	累积百分比
1	5.497	0.858	0.858	3.026	0.472	0.472
2	0.781	0.122	0.980	1.854	0.289	0.761
3	0.376	0.059	1.038	1.583	0.247	1.008

表 6-9　关系质量测评维度正交旋转后因子负荷矩阵表

具体测量	成分		
	1	2	3
2.1.1　我相信社区社会组织能满足本社区购买公共服务的需求。	0.408	0.518	0.395
2.1.2　我完全信任我所在社区提供公共服务的社区社会组织。	0.661	0.174	0.420
2.1.3　我相信社区社会组织不会欺骗社区居民。	0.333	0.356	0.707
2.1.4　我相信社区社会组织不存在程序违规行为。	0.473	0.262	0.650
2.2.1　我觉得自己与社区社会组织有联系。	0.067	0.746	0.300
2.2.2　我在其他同事和外部合作伙伴面前愿意维护我的社区社会组织。	0.445	0.744	0.179
2.2.3　我非常自豪社区内有这样的社区社会组织。	0.744	0.318	0.252
2.3.1　我将继续向社区内的社会组织购买公共服务。	0.874	0.123	0.218
2.3.2　我肯定会把我的社区社会组织推荐给其他社区。	0.754	0.365	0.308

6.2.2.2　社区社会组织公共服务质量测评指标检验（以社区居民为调查对象）

（1）过程质量指标检验。依据前文描述，与过程质量有关的因素包括有形性、可靠性、承诺性、共情性四个主要维度，其中 KMO 和 Bartlett 的检验结果如表 6-10 所示。

表 6-10　KMO 和 Bartlett 的检验结果

取样足够度的 Kaiser-Meyer-Olkin 度量		0.967
Bartlett 球形检验	近似卡方	
	df	66
	Sig.	0.000

检验结果显示 KMO 值为 0.967，Bartlett 球形检验达到显著水平（$p=0.000<0.001$），说明样本数据基本适合进行因子分析。

采用因子分析法进行最大方差法正交旋转，有 4 个因子被识别出来（表 6－11），正交旋转后得到的因子负荷矩阵如表 6－12 所示。

表 6－11　过程质量测评维度解释总方差

成分	初始特征值			旋转平方和载入		
	合计	方差的百分比	累积百分比	合计	方差的百分比	累积百分比
1	6.264	0.942	0.942	2.993	0.450	0.450
2	0.670	0.101	1.043	2.288	0.344	0.794
3	0.227	0.034	1.077	1.861	0.280	1.074
4	0.122	0.018	1.095	0.137	0.021	1.095

表 6－12　过程质量测评维度正交旋转后因子负荷矩阵表

具体测量	成分			
	1	2	3	4
3.1.1　我可以很方便地接触到社区社会组织提供的公共服务。	0.233	0.716	0.321	0.038
3.1.2　社区社会组织工作人员在工作时间穿着制服或正式服装，看上去整洁。	0.264	0.721	0.247	0.018
3.1.3　社区社会组织使用的服务设施与所提供服务保持一致。例如，提供文娱活动时总有场地和设施的支持。	0.275	0.531	0.490	－0.071
3.2.1　社区社会组织了解需要服务的居民，尤其是在需要立即响应的情况下。	0.340	0.387	0.662	0.013
3.2.2　社区社会组织有专业合格的人员，他们可以完成工作，并在需要时进一步协助社区居民。	0.330	0.420	0.619	0.061
3.2.3　社区社会组织总是按时向社区居民提供服务，没有拖延的情况。	0.441	0.456	0.415	0.123
3.2.4　社区社会组织向居民提供服务时一般都有准确的记录，并对记录做好保存。	0.623	0.312	0.230	0.148

续表

具体测量	成分			
	1	2	3	4
3.3.1 社区社会组织工作人员始终告知居民提供服务的具体时间。	0.573	0.261	0.291	0.237
3.3.2 社区居民有需求时，社区社会组织会立即接待这些居民。	0.620	0.203	0.303	0.072
3.4.1 社区社会组织工作人员对居民都提供了个人关注，以了解居民的需求，并提供对应的服务。	0.707	0.261	0.252	0.007
3.4.2 我觉得社区社会组织的工作人员对我是有求必应的，且服务周到。	0.645	0.257	0.311	−0.093
3.4.3 我觉得社区社会组织工作人员是值得信赖的，他们提供的服务能够关注到个人的需求。	0.598	0.317	0.272	−0.139

（2）结果质量指标检验。依据前文描述，与结果质量有关因素包括服务效率、公共性、个人生活感受三个主要维度，其中 KMO 和 Bartlett 的检验结果如表 6−13 所示。

表 6−13 KMO 和 Bartlett 的检验结果

取样足够度的 Kaiser-Meyer-Olkin 度量		0.957
Bartlett 球形检验	近似卡方	8446.501
	df	55
	Sig.	0.000

检验结果显示 KMO 值为 0.957，Bartlett 球形检验达到显著水平（$p=0.000<0.001$），说明样本数据基本适合进行因子分析。

采用因子分析法进行最大方差法正交旋转，有 3 个因子被识别出来（表 6−14），正交旋转后得到的因子负荷矩阵如表 6−15 所示。

表 6－14　结果质量测评维度解释总方差

成分	初始特征值			旋转平方和载入		
	合计	方差的百分比	累积百分比	合计	方差的百分比	累积百分比
1	5.299	1.017	1.017	3.904	0.749	0.749
2	0.249	0.048	1.065	1.017	0.195	0.944
3	0.166	0.032	1.097	0.774	0.149	1.093

表 6－15　结果质量测评维度正交旋转后因子负荷矩阵表

具体测量	成分		
	1	2	3
4.1.1　社区社会组织的公共服务是有益的。	0.467	0.240	0.475
4.1.2　社区社会组织的公共服务提升了社区的整体环境。	0.512	0.157	0.421
4.1.3　社区社会组织的公共服务减轻了社区居民的生活负担。	0.054	0.266	0.083
4.2.1　社区社会组织的公共服务提高了社区居民的生活水平。	0.463	0.521	0.188
4.2.2　社区社会组织的公共服务增进了社区居民之间的交往。	0.563	0.457	0.216
4.2.3　社区社会组织的公共服务增加了社区居民参与社区公益活动的程度。	0.584	0.360	0.164
4.2.4　我更加信任自己所在的社区了。	0.627	0.270	0.342
4.3.1　社区社会组织的公共服务增加了我参与社区活动的机会。	0.724	0.169	0.225
4.3.2　社区社会组织的公共服务提升了我在社区生活中的幸福感。	0.765	0.158	0.175
4.3.3　社区社会组织的公共服务提升了我在社区生活中的安全感。	0.745	0.240	0.172
4.3.4　我认为我是社区社会组织公共服务的受益者。	0.703	0.263	0.169

6.3 社区社会组织公共服务供给质量测评分析

本部分对社区社会组织公共服务质量的测评过程主要包括三个阶段，即层次分析法的权重计算阶段、模糊综合评价法的二级维度计算阶段、加权平均法的最终质量测评得分计算阶段，以及社区社会组织公共服务质量差异因素分析。

6.3.1 指标权重计算

6.3.1.1 准则层Ⅰ指标权重计算

准则层Ⅰ包括四个一级维度，分为两个方面。根据本书的社区社会组织公共服务质量测评的指标层次设置，本书的准则层包括：A_1为设计质量；A_2为关系质量；A_3为过程质量；A_4为结果质量。根据专家的打分结果（即所调研专家打分的均值）得出判断矩阵如表 6－16 所示。

表 6－16 准则层Ⅰ指标判断矩阵

判断矩阵 **M**	A_1	A_2	A_3	A_4
A_1	1	1	1	1
A_2	1	1	1	1
A_3	1	1	1	1
A_4	1	1	1	1

根据上文介绍的计算方法，可以算出此判断矩阵的特征向量为：

$$\boldsymbol{W} = (0.25, 0.25, 0.25, 0.25)$$

根据公式（5－4）计算判断矩阵的最大特征根为：

$$\lambda_{\max} = 4$$

根据公式（5－5）进行一致性检验：

$$C.I. = \frac{\lambda_{\max} - n}{n-1} = 0$$

因而，根据公式（5－6）可知：

$$C.R. = 0 < 0.1$$

表明判断矩阵的建构是合理的，经过检验结果**W**可以接受，其权重为：

$$\boldsymbol{W} = (0.25, 0.25, 0.25, 0.25)$$

6.3.1.2 准则层Ⅱ指标权重计算

（1）政府感知质量部分。

①设计质量。设计质量包括服务设计的本土性、合同的清晰性、组织提供服务的资源支持、服务执行过程的公共性四个主要维度，根据专家的打分结果（即所调研专家打分的均值）得出判断矩阵如表 6－17 所示。

表 6－17 设计质量的判断矩阵

判断矩阵	B_1	B_2	B_3	B_4
B_1	1	1	1/5	1/9
B_2	1	1	1/3	1/9
B_3	5	3	1	1/3
B_4	9	9	3	1

其中，B_1为服务设计的本土性；B_2为合同清晰性；B_3为组织提供服务的资源支持；B_4为服务执行过程的公共性。

根据上文介绍的计算方法，可以算出此判断矩阵的特征向量为：

$$\boldsymbol{W}_1 = (0.0624, 0.0697, 0.2404, 0.6275)$$

根据公式（5－4）计算判断矩阵的最大特征根为：

$$\lambda_{\max} = 4.0329$$

根据公式（5－5）进行一致性检验：

$$C.I. = \frac{\lambda_{\max} - n}{n - 1} = 0.01097$$

因而，根据公式（5－6）可知：

$$C.R = 0.0123 < 0.1$$

表明判断矩阵的建构是合理的，经过检验结果$\boldsymbol{W}_1$可以接受，因而设计质量权重为：

$$\boldsymbol{W}_1 = (0.0624, 0.0697, 0.2404, 0.6275)$$

②关系质量。根据上文，设计质量包括信任、承诺、忠诚三个主要维度，根据专家的打分结果（即所调研专家打分的均值）得出判断矩阵如表 6－18 所示。

表 6－18 关系质量的判断矩阵

判断矩阵	C_1	C_2	C_3
C_1	1	1/3	1/7
C_2	1	1	1/3
C_3	3	7	1

其中，C_1为信任；C_2为承诺；C_3为忠诚。

根据上文介绍的计算方法，可以算出此判断矩阵的特征向量为：

$$\boldsymbol{W}_2 = (0.0882, 0.2431, 0.6687)$$

根据公式（5－4）计算判断矩阵的最大特征根为：

$$\lambda_{\max} = 3.007$$

根据公式（5－5）进行一致性检验：

$$C.I. = \frac{\lambda_{\max} - n}{n - 1} = 0.0035$$

因而，根据公式（5－6）可知：

$$C.R = 0.0068 < 0.1$$

表明判断矩阵的建构是合理的，经过检验结果$\boldsymbol{W}_2$可以接受，因而关系质量权重为：

$$\boldsymbol{W}_2 = (0.0882, 0.2431, 0.6687)$$

（2）民众感知质量部分。

①过程质量。与过程质量有关的因素包括有形性、可靠性、承诺性、共情性四个主要维度，根据专家的打分结果（即所调研专家打分的均值）得出判断矩阵为如表 6－19 所示。

表 6−19 过程质量的判断矩阵

判断矩阵	D_1	D_2	D_3	D_4
D_1	1	1	1/5	1/9
D_2	1	1	1/3	1/9
D_3	5	3	1	1/3
D_4	9	9	3	1

其中，D_1为有形性；D_2为可靠性；D_3为承诺性；D_4为共情性。

根据上文介绍的计算方法，可以算出此判断矩阵的特征向量为：

$$\boldsymbol{W}_3 = (0.0624, 0.0697, 0.2404, 0.6275)$$

根据公式（5−4）计算判断矩阵的最大特征根为：

$$\lambda_{\max} = 4.0329$$

根据公式（5−5）进行一致性检验：

$$C.I. = \frac{\lambda_{\max} - n}{n - 1} = 0.01097$$

因而，根据公式（5−6）可知：

$$C.R = 0.0123 < 0.1$$

表明判断矩阵的建构是合理的，经过检验结果$\boldsymbol{W}_3$可以接受，因而过程质量权重为：

$$\boldsymbol{W}_3 = (0.0624, 0.0697, 0.2404, 0.6275)$$

②结果质量。依据前文描述，与结果质量有关因素包括服务效率、公共性、个人生活感受三个维度，根据专家的打分结果（即所调研专家打分的均值）得出判断矩阵如表 6−20 所示。

表 6−20 结果质量的判断矩阵

判断矩阵	E_1	E_2	E_3
E_1	1	1/3	1/7
E_2	1	1	1/3
E_3	3	7	1

其中，E_1为服务效率；E_2为公共性；E_3为个人生活感受。

根据上文介绍的计算方法，可以算出此判断矩阵的特征向量为：

$$\boldsymbol{W}_4 = (0.0882, 0.2431, 0.6687)$$

根据公式（5－4）计算判断矩阵的最大特征根为：

$$\lambda_{\max} = 3.007$$

根据公式（5－5）进行一致性检验：

$$C.I. = \frac{\lambda_{\max} - n}{n - 1} = 0.0035$$

因而，根据公式（5－6）可知：

$$C.R = 0.0068 < 0.1$$

表明判断矩阵的建构是合理的，经过检验结果 $\boldsymbol{W}_4$ 可以接受，因而结果质量权重为：

$$\boldsymbol{W}_4 = (0.0882, 0.2431, 0.6687)$$

6.3.1.3 指标层权重计算

指标层主要包括准则层下述的具体操作维度，其中每个维度中的操作指标都是从不同方面反映几个维度的，基于专家的打分（即所调研专家打分的均值），认为指标层中各项的两两对比重要性相等，因此均为 1。根据上述计算流程，最终获得权重结果见表 6－21。

表 6－21 社区社会组织公共服务质量测评各维度权重结果

一级维度	二级维度	权重结果	指标数量
设计质量	1.1 服务设计的本土性	0.0156	3
	1.2 合同的清晰性	0.0174	2
	1.3 组织提供服务的资源支持	0.0601	3
	1.4 服务执行过程的公共性	0.1569	4
关系质量	2.1 信任	0.0220	4
	2.2 承诺	0.0608	3
	2.3 忠诚	0.1672	2
过程质量	3.1 有形性	0.0156	3
	3.2 可靠性	0.0174	4
	3.3 承诺性	0.0601	2
	3.4 共情性	0.1569	3

续表

一级维度	二级维度	权重结果	指标数量
结果质量	4.1　服务效率	0.0220	3
	4.2　公共性	0.0608	4
	4.3　个人生活感受	0.1672	4

6.3.2　质量测评计算

6.3.2.1　社区干部社区社会组织公共服务质量测评计算

在这一部分，由于采用了社区干部对社区社会组织公共服务的一对一测评，因此使用了结合客观比重的加权平均法，得到的每一项评价结果都以百分制表示（表 6-22）。

表 6-22　社区干部对社区社会组织公共服务质量测评结果

社区 ID	服务设计的本土性	合同的清晰性	组织提供服务的资源支持	服务执行过程的公共性	信任	承诺	忠诚
1	73.33	80.00	73.33	75.00	80.00	80.00	80.00
2	80.00	70.00	66.67	70.00	75.00	60.00	70.00
3	86.67	80.00	86.67	90.00	80.00	66.67	100.00
4	100.00	100.00	86.67	75.00	85.00	93.33	100.00
5	86.67	80.00	73.33	80.00	75.00	66.67	70.00
6	80.00	70.00	66.67	80.00	60.00	73.33	80.00
7	80.00	80.00	66.67	80.00	75.00	80.00	80.00
8	53.33	60.00	53.33	50.00	40.00	53.33	50.00
9	66.67	80.00	53.33	60.00	80.00	80.00	80.00
10	66.67	80.00	80.00	80.00	75.00	73.33	80.00
11	80.00	70.00	80.00	80.00	60.00	73.33	60.00
12	100.00	100.00	100.00	100.00	90.00	80.00	80.00
13	100.00	100.00	100.00	100.00	100.00	100.00	100.00
14	66.67	80.00	73.33	80.00	85.00	86.67	80.00

续表

社区 ID	服务设计的本土性	合同的清晰性	组织提供服务的资源支持	服务执行过程的公共性	信任	承诺	忠诚
15	66.67	70.00	73.33	75.00	75.00	66.67	70.00
16	86.67	80.00	80.00	75.00	70.00	80.00	80.00
17	93.33	90.00	93.33	90.00	75.00	73.33	100.00
18	86.67	90.00	73.33	75.00	80.00	80.00	90.00
19	60.00	80.00	73.33	75.00	70.00	60.00	60.00
20	73.33	80.00	80.00	80.00	75.00	66.67	80.00
21	73.33	90.00	80.00	95.00	80.00	93.33	80.00
22	100.00	80.00	80.00	80.00	80.00	73.33	70.00
23	80.00	100.00	80.00	80.00	90.00	93.33	90.00
24	93.33	100.00	93.33	100.00	100.00	86.67	100.00
25	93.33	100.00	86.67	90.00	80.00	73.33	80.00
26	73.33	80.00	66.67	70.00	73.33	80.00	80.00
27	66.67	80.00	53.33	65.00	80.00	80.00	80.00
28	86.67	90.00	73.33	75.00	70.00	86.67	80.00
29	80.00	80.00	80.00	80.00	80.00	80.00	80.00
30	80.00	80.00	80.00	80.00	80.00	80.00	80.00
31	93.33	100.00	86.67	95.00	85.00	80.00	100.00
32	100.00	100.00	100.00	100.00	100.00	100.00	100.00
33	80.00	90.00	73.33	75.00	80.00	80.00	80.00
34	100.00	100.00	100.00	100.00	100.00	100.00	100.00
35	66.67	70.00	66.67	65.00	70.00	60.00	60.00
综合	81.52	84.57	78.10	80.57	78.67	78.29	81.43

从社区干部感知的社区社会组织公共服务质量来看，社区干部对社区社会组织公共服务感知得分均在 80 分左右。得分最高的维度是合同的清晰性和忠诚维度，其中合同的清晰性、忠诚、服务设计的本土性以及服务执行过程的公共性维度平均得分超过 80 分，说明政府对于社区社会公共服务合同签订以及

最后服务的绩效表现非常满意，愿意持续选择当前为自己社区提供公共服务的社会组织。得分最低的是组织提供服务的资源支持维度，平均得分为 78.10，可见从政府角度来看，虽然对社会组织提供公共服务的持久性、公共性评价较高，但是对社会组织是否具有足够的资源来提供高质量的公共服务较为担心。总体来看，社区干部对于社区社会组织的设计质量评价较高，但关系质量维度评价较低。

6.3.2.2 居民感知测评问卷

由于居民很难形成具体的感知，因此这一部分主要采取模糊综合评价分析对社区社会组织公共服务质量进行评估。由于需要评价的社区数量较多，下面仅用一个社区为例来展示综合计算过程。

(1) 建立因素集。

准则层Ⅰ因素集建立：

$$U = \{u_1, u_2\}$$

其中，U 为社区居民对社区社会组织公共服务质量评价因素集合；u_1 为过程质量；u_2 为结果质量。

准则层Ⅱ因素集为：

$$U_1 = \{u_{11}, u_{12}, u_{13}, u_{14}\}$$

其中，U_1 为过程质量；u_{11} 为有形性；u_{12} 为可靠性；u_{13} 为承诺性；u_{14} 为共情性。

$$U_2 = \{u_{21}, u_{22}, u_{23}\}$$

其中，U_2 为结果质量；u_{21} 为服务效率；u_{22} 为公共性；u_{23} 为个人生活感受。

指标层因素集为：

$$U_{11} = \{u_{111}, u_{112}, u_{113}\}$$

其中，U_{11} 为有形性；u_{111}、u_{112}、u_{113} 分别为表 5－2 中的 3.1.1、3.1.2、3.1.3。

$$U_{12} = \{u_{121}, u_{122}, u_{123}, u_{124}\}$$

其中，U_{12} 为可靠性；u_{121}、u_{122}、u_{123}、u_{124} 分别为表 5－2 中的 3.2.1、3.2.2、3.2.3、3.2.4。

$$U_{13}=\{u_{131},u_{132}\}$$

其中，U_{13}为承诺性；u_{131}、u_{132}分别为表 5—2 中的 3.3.1、3.3.2。

$$U_{14}=\{u_{141},u_{142},u_{143}\}$$

其中，U_{14} 为共情性；u_{141}、u_{142}、u_{143} 分别为表 5—2 中的 3.4.1、3.4.2、3.4.3。

$$U_{21}=\{u_{211},u_{212}\}$$

其中，U_{21} 为服务效率；u_{211}、u_{212}、u_{213} 分别为表 5—2 中的 4.1.1、4.1.2、4.1.3。

$$U_{22}=\{u_{221},u_{222},u_{223},u_{224}\}$$

其中，U_{22}为公共性；u_{221}、u_{222}、u_{223}、u_{224}分别为表 5—2 中的 4.2.1、4.2.2、4.2.3、4.2.4。

$$U_{23}=\{u_{231},u_{232},u_{233},u_{234}\}$$

其中，U_{23}为个人生活感受；u_{231}、u_{232}、u_{233}、u_{234}分别为表 5—2 中的 4.3.1、4.3.2、4.3.3、4.3.4。

（2）建立评语集。

以评价者对评价对象可能做出的各种总的评价结果为元素建立评语集，本书设置评语等级数为 5，即评语集为：

$$V=\{V_1,V_2,V_3,V_4,V_5\}$$

其中，V 为评语集合；V_1为非常不同意＝20；V_2为不同意＝40；V_3为一般＝60；V_4为同意＝80；V_5为非常同意＝100。

（3）一级模糊综合评价。

①公共服务的有形性单因素模糊综合评价。

$$\boldsymbol{R}_{11}=\begin{bmatrix}0.0 & 0.0 & 0.0 & 0.56 & 0.44\\ 0.0 & 0.0 & 0.08 & 0.44 & 0.48\\ 0.0 & 0.0 & 0.08 & 0.32 & 0.56\end{bmatrix}$$

权重向量：

$$\boldsymbol{W}_{11}=(0.33,\ 0.33,\ 0.33)$$

选择模糊合成算子（.，+），根据公式（5—7），计算综合评价值：

$$B_{11} = W_{11} * R_{11} = [0.33,0,33,0.33] * \begin{bmatrix} 0.0 & 0.0 & 0.0 & 0.56 & 0.44 \\ 0.0 & 0.0 & 0.08 & 0.44 & 0.48 \\ 0.0 & 0.0 & 0.08 & 0.32 & 0.56 \end{bmatrix}$$

$$= (0.0 \quad 0.0 \quad 0.0528 \quad 0.4356 \quad 0.4884)$$

计算综合评价分数：

$$V_W = (V_1, V_2, V_3, V_4, V_5)^T = (20, 40, 60, 80, 100)^T$$

因此最终得分：

$$F_{11} = B_{11} * V_W{}^T = 86.86$$

②公共服务的可靠性单因素模糊综合评价。

$$R_{12} = \begin{bmatrix} 0.0 & 0.0 & 0.16 & 0.12 & 0.72 \\ 0.0 & 0.0 & 0.12 & 0.40 & 0.48 \\ 0.0 & 0.0 & 0.04 & 0.40 & 0.56 \\ 0.0 & 0.0 & 0.04 & 0.28 & 0.64 \end{bmatrix}$$

权重向量：

$$W_{12} = (0.25,0.25,0.25,0.25)$$

选择模糊合成算子（.，+），根据公式（5−7），计算综合评价值：

$$B_{12} = W_{12} * R_{12} = [0.25,0.25,0.25,0.25] * \begin{bmatrix} 0.0 & 0.0 & 0.16 & 0.12 & 0.72 \\ 0.0 & 0.0 & 0.12 & 0.40 & 0.48 \\ 0.0 & 0.0 & 0.04 & 0.40 & 0.56 \\ 0.0 & 0.0 & 0.04 & 0.28 & 0.64 \end{bmatrix}$$

$$= (0.0 \quad 0.0 \quad 0.09 \quad 0.3 \quad 0.6)$$

计算综合评价分数：

$$V_W = (V_1, V_2, V_3, V_4, V_5)^T = (20, 40, 60, 80, 100)^T$$

因此最终得分：

$$F_{12} = B_{12} * V_W{}^T = 89.4$$

③公共服务承诺性单因素模糊综合评价。

$$R_{13} = \begin{bmatrix} 0 & 0 & 0.08 & 0.32 & 0.6 \\ 0 & 0 & 0.12 & 0.28 & 0.6 \end{bmatrix}$$

权重向量：

$$W_{13} = (0.5,0.5)$$

选择模糊合成算子（.，+），根据公式（5−7），计算综合评价值：

$$\boldsymbol{B}_{13}=\boldsymbol{W}_{13}*\boldsymbol{R}_{13}=[0.5,0.5]*\begin{bmatrix}0 & 0 & 0.08 & 0.32 & 0.6\\ 0 & 0 & 0.12 & 0.28 & 0.6\end{bmatrix}$$

$$=(0.0\quad 0.0\quad 0.1\quad 0.3\quad 0.6)$$

计算综合评价分数：

$$V_W=(V_1,V_2,V_3,V_4,V_5)^{\mathrm{T}}=(20,40,60,80,100)^{\mathrm{T}}$$

因此最终得分：

$$F_{13}=B_{13}*V_W{}^{\mathrm{T}}=90$$

④公共服务共情性单因素模糊综合评价。

$$\boldsymbol{R}_{14}=\begin{bmatrix}0.0 & 0.0 & 0.16 & 0.2 & 0.64\\ 0.0 & 0.0 & 0.12 & 0.32 & 0.56\\ 0.0 & 0.0 & 0.08 & 0.4 & 0.52\end{bmatrix}$$

权重向量：

$$\boldsymbol{W}_{14}=(0.33,0.33,0.33)$$

选择模糊合成算子（.，+），根据公式（5−7），计算综合评价值：

$$\boldsymbol{B}_{14}=\boldsymbol{W}_{14}*\boldsymbol{R}_{14}=[0.33,0,33,0.33]*\begin{bmatrix}0.0 & 0.0 & 0.16 & 0.2 & 0.64\\ 0.0 & 0.0 & 0.12 & 0.32 & 0.56\\ 0.0 & 0.0 & 0.08 & 0.4 & 0.52\end{bmatrix}$$

$$=(0.0\quad 0.0\quad 0.12\quad 0.30\quad 0.57)$$

计算综合评价分数：

$$V_W=(V_1,V_2,V_3,V_4,V_5)^{\mathrm{T}}=(20,40,60,80,100)^{\mathrm{T}}$$

因此最终得分：

$$F_{14}=B_{14}*V_W{}^{\mathrm{T}}=88.18$$

⑤服务效率单因素模糊综合评价。

$$\boldsymbol{R}_{21}=\begin{bmatrix}0.0 & 0.0 & 0.0 & 0.4 & 0.6\\ 0.0 & 0.0 & 0.04 & 0.28 & 0.68\\ 0.4 & 0.2 & 0.08 & 0.0 & 0.24\end{bmatrix}$$

权重向量：

$$\boldsymbol{W}_{21}=(0.33,0.33,0.33)$$

选择模糊合成算子（.，+），根据公式（5−7），计算综合评价值：

$$\boldsymbol{B}_{21}=\boldsymbol{W}_{21}*\boldsymbol{R}_{21}=[0.33,0,33,0.33]*\begin{bmatrix}0.0&0.0&0.0&0.4&0.6\\0.0&0.0&0.04&0.28&0.68\\0.4&0.2&0.08&0.0&0.24\end{bmatrix}$$

$$=(0.132\quad 0.066\quad 0.040\quad 0.224\quad 0.501)$$

计算综合评价分数：

$$V_W=(V_1,V_2,V_3,V_4,V_5)^{\mathrm{T}}=(20,40,60,80,100)^{\mathrm{T}}$$

因此最终得分：

$$F_{21}=B_{21}*V_W{}^{\mathrm{T}}=75.768$$

⑥公共性单因素模糊综合评价。

$$\boldsymbol{R}_{22}=\begin{bmatrix}0.0&0.0&0.04&0.32&0.56\\0.0&0.0&0.0&0.48&0.52\\0.0&0.0&0.0&0.44&0.56\\0.0&0.0&0.0&0.48&0.52\end{bmatrix}$$

权重向量：

$$\boldsymbol{W}_{22}=(0.25,0.25,0.25,0.25)$$

选择模糊合成算子（.，+），根据公式（5−7），计算综合评价值：

$$\boldsymbol{B}_{22}=\boldsymbol{W}_{22}*\boldsymbol{R}_{22}=[0.25,0,25,0.25,0.25]*\begin{bmatrix}0.0&0.0&0.04&0.32&0.56\\0.0&0.0&0.0&0.48&0.52\\0.0&0.0&0.0&0.44&0.56\\0.0&0.0&0.0&0.48&0.52\end{bmatrix}$$

$$=(0.0\quad 0.0\quad 0.01\quad 0.43\quad 0.54)$$

计算综合评价分数：

$$V_W=(V_1,V_2,V_3,V_4,V_5)^{\mathrm{T}}=(20,40,60,80,100)^{\mathrm{T}}$$

因此最终得分：

$$F_{22}=B_{22}*V_W{}^{\mathrm{T}}=89$$

⑦个人生活感受单因素模糊综合评价。

$$\boldsymbol{R}_{23}=\begin{bmatrix}0.0&0.0&0.04&0.32&0.56\\0.0&0.0&0.0&0.48&0.52\\0.0&0.0&0.0&0.44&0.56\\0.0&0.0&0.0&0.48&0.52\end{bmatrix}$$

权重向量：

$$W_{23}=(0.25,0.25,0.25,0.25)$$

选择模糊合成算子（.，+），根据公式（5−7），计算综合评价值：

$$B_{23}=W_{23}*R_{23}=[0.25,0,25,0.25,0.25]*\begin{bmatrix}0.0 & 0.0 & 0.04 & 0.36 & 0.6\\0.0 & 0.0 & 0.04 & 0.48 & 0.48\\0.0 & 0.0 & 0.0 & 0.4 & 0.6\\0.0 & 0.0 & 0.0 & 0.44 & 0.56\end{bmatrix}$$

$$=(0.0\quad 0.0\quad 0.02\quad 0.42\quad 0.56)$$

计算综合评价分数：

$$V_W=(V_1,V_2,V_3,V_4,V_5)^{T}=(20,40,60,80,100)^{T}$$

因此最终得分：

$$F_{23}=B_{23}*V_W{}^{T}=90.08$$

基于上述计算流程可以得到每一个社区在社区居民评价部分的二级指标的分数，经计算得到计算结果，见表6−23。

表6−23 社区居民对社区社会组织公共服务质量评价结果

社区ID	有形性	可靠性	承诺性	共情性	服务效率	公共性	个人生活感受
1	86.86	89.40	90.00	88.18	75.77	89.00	90.80
2	81.58	87.80	87.20	82.63	82.63	83.80	84.20
3	95.30	97.20	98.80	97.15	97.68	96.80	98.40
4	86.37	87.61	86.52	83.22	81.50	87.61	88.70
5	81.58	80.60	81.20	77.35	73.39	79.80	81.60
6	72.82	74.00	71.67	73.48	70.84	75.50	76.00
7	86.86	88.20	91.20	89.76	88.70	90.40	91.60
8	84.53	82.69	85.38	80.72	80.47	87.69	86.92
9	81.60	83.18	81.36	82.80	78.30	80.68	82.73
10	81.31	81.60	81.20	78.94	76.30	80.60	85.00
11	77.08	80.18	75.00	77.08	70.24	82.14	80.71
12	84.22	84.00	82.80	79.73	69.43	78.60	80.60
13	75.66	75.36	78.93	75.90	75.19	79.64	83.57

续表

社区 ID	有形性	可靠性	承诺性	共情性	服务效率	公共性	个人生活感受
14	75.90	74.17	79.58	73.43	71.78	76.88	82.71
15	63.10	67.40	66.80	64.42	63.10	69.00	68.60
16	91.34	92.20	90.00	88.18	77.62	93.40	94.80
17	80.85	83.75	83.33	84.15	81.40	85.42	85.00
18	77.88	80.00	82.40	78.94	67.32	82.20	82.00
19	74.58	73.25	72.50	68.97	67.32	77.25	77.00
20	86.66	87.61	86.96	83.79	82.93	86.30	88.70
21	88.44	89.60	85.60	89.23	80.26	91.20	91.00
22	97.61	98.95	98.95	97.26	76.42	98.16	98.16
23	94.51	96.80	97.20	97.15	80.52	97.60	96.60
24	81.05	81.20	79.20	75.24	61.25	80.20	80.60
25	79.46	77.00	76.40	70.22	72.07	81.40	81.00
26	69.70	70.00	72.00	66.00	62.30	73.60	74.20
27	67.58	65.80	65.20	58.61	61.25	73.40	73.80
28	67.06	64.80	65.20	63.36	58.87	68.00	70.80
29	63.89	63.40	64.80	62.57	59.93	65.20	69.60
30	65.47	66.60	70.00	63.89	58.87	66.00	72.20
31	83.42	81.40	84.40	82.10	80.78	86.60	87.00
32	89.82	91.74	89.13	90.97	76.04	91.09	94.78
33	78.67	82.00	82.80	76.82	75.77	83.00	83.20
34	84.48	86.60	87.60	85.27	83.42	84.40	86.00
35	66.79	65.20	64.00	62.57	62.83	66.60	65.40
综合	80.12	80.89	81.01	78.57	73.79	81.98	83.26

从社区居民对公共服务的评价结果分析可见，社区居民对于社区社会组织公共服务质量的不同维度感知差异较大。社区居民感知得分最高的维度是个人生活感受，社区的平均得分为 83.26，说明社区居民认为社区组织提供的公共服务增加了个人在社区的参与性、幸福感与满意度。居民对于社区社会组织评价得分第二高的是公共性维度，即认为社区社会组织提供的公共服务总体上增

加了社区的公共交往活动。另外，居民对于社区社会组织提供公共服务的效率评价却很低，35 个社区的平均得分仅为 73.79 分，即社区社会组织提供的公共服务所获得的效益可能与付出的成本不成正比。居民对于社区社会组织评价在共情性方面的评价排名倒数第二，尽管社区社会组织提供了相应的公共服务，但是在服务过程中体现“为人民服务”的特征不够明显，没有很好地关注到居民的个性化需求。总体来看，居民对于社区社会组织提供公共服务的结果质量评价较高，而过程质量评价较低。

6.3.2.3　社区社会组织公共服务质量测评结果分析

就上文得到的社区干部与社区居民对于社区社会组织公共服务质量的评价结果，需要进一步通过加权平均法计算 35 个社区中社会组织的公共服务质量。结合上文得到的表 6-21 的权重结果，以及上文提及的求和计算公式。本书得到最终的计算结果，见表 6-24。

表 6-24　社区社会组织公共服务质量测评结果

社区 ID	设计质量	关系质量	过程质量	结果质量	总分
1	74.84	80.00	88.62	89.04	83.13
2	69.82	68.01	84.02	83.96	76.45
3	88.30	90.13	97.43	97.95	93.45
4	81.11	97.06	84.52	87.80	87.62
5	78.81	69.63	78.77	80.44	76.91
6	76.10	76.62	73.04	75.42	75.30
7	76.80	79.56	89.82	91.05	84.31
8	51.70	49.93	82.22	86.54	67.60
9	60.20	80.00	82.41	81.84	76.11
10	79.17	77.94	79.82	83.16	80.02
11	79.30	63.24	76.80	80.14	74.87
12	100.00	80.88	81.05	79.13	85.26
13	100.00	100.00	76.58	81.88	89.61
14	77.56	82.06	75.11	80.33	78.77

续表

社区 ID	设计质量	关系质量	过程质量	结果质量	总分
15	73.73	69.63	65.12	68.21	69.17
16	77.28	79.12	89.09	92.95	84.61
17	91.01	91.31	83.72	84.79	87.71
18	76.37	86.69	79.78	80.76	80.90
19	74.01	60.88	70.47	76.21	70.39
20	79.58	76.32	85.00	87.61	82.13
21	89.69	83.24	88.33	90.10	87.84
22	81.25	71.69	97.81	96.25	86.75
23	81.39	90.81	96.97	95.43	91.15
24	97.98	96.76	76.97	78.80	87.63
25	90.10	78.38	72.75	80.31	80.39
26	70.10	79.41	67.95	73.01	72.62
27	63.34	80.00	61.25	72.60	69.30
28	76.37	80.74	64.13	69.07	72.58
29	80.00	80.00	63.25	67.68	72.73
30	80.00	80.00	65.65	69.52	73.79
31	93.24	93.82	82.69	86.36	89.02
32	100.00	100.00	90.51	92.23	95.69
33	75.95	80.00	78.73	82.50	79.30
34	100.00	100.00	85.87	85.38	92.81
35	65.85	60.88	63.36	65.47	63.89
综合	80.31	80.42	79.42	82.11	80.57

从表 6—24 的平均结果来看，研究中社区社会组织公共服务质量的平均得分在 80 分，基本上处于非常满意层面。而细看四个主要维度，测评质量结果差异还是较大，可见政府层面的社区社会组织测评结果低于社区居民对社区社会组织公共服务质量的评价。在政府评价社区社会组织公共服务质量维度中，设计质量维度得分 80.31，关系质量平均得分为 80.42 分，可见社区干部对社区社会组织在设计公共服务提供流程，以及发展政府与社区社会组织关系方面

的满意度较为均衡。社区居民对于社区社会组织公共服务质量评价维度，其中过程质量得分 79.42，结果质量得分 82.11，可见居民在社区社会组织提供公共服务的结果方面较为满意，而在公共服务的人性化流程方面则较不满意，社区社会组织的“为人民服务”意识有待加强。

6.3.3 社区社会组织公共服务质量差异因素分析

6.3.3.1 不同社区社会组织公共服务的差异分析

为了分析不同社区之间社会组织公共服务质量存在的差异，本部分根据上文得到的社区社会组织公共服务质量评价进行进一步的聚类分析。聚类分析可以帮助研究者在一组数据中识别出同一类别的群组与不同类别的群组。为了进一步挖掘社区之间的共同性与差异性，本书采用了 K 均值聚类法（K-means cluster）对 35 个社区的社会组织公共服务质量结果进行聚类分析。K 均值聚类法的主要原理是通过确定一组数据中共有 K 个类别，依据这 K 个类别分别确定 K 个“质点”（即聚类点），再分别计算，使分析样本向这个 K 个“质点”聚集，以形成初始分类结果。然后根据这个结果逐步调整，直到形成合适的聚类分析结果。依据上述操作过程，本书最终将 35 个社区的社区社会组织公共服务质量划分为四大类，基本结果见表 6−25。

表 6−25 社区社会组织公共服务质量的分类

类型/特征		设计质量	关系质量	过程质量	结果质量	社区 ID
第一类	最小值	81.11	80.88	76.58	78.80	4、12、13、17、24、31、32、34
	均值	95.42	94.98	82.74	84.55	
	最大值	100.00	100.00	90.51	92.23	
第二类	最小值	63.34	60.88	61.25	65.47	6、15、19、26、27、28、29、30、35
	均值	73.28	74.24	66.02	70.80	
	最大值	80.00	80.74	73.04	76.21	
第三类	最小值	74.84	71.69	88.33	89.04	1、3、7、16、21、22、23
	均值	81.36	82.08	92.58	93.25	
	最大值	89.69	90.81	97.81	97.95	

续表

类型/特征		设计质量	关系质量	过程质量	结果质量	社区 ID
第四类	最小值	51.70	49.93	72.75	80.14	2、5、8、9、10、11、14、18、20、25、33
	均值	74.42	73.84	79.58	82.51	
	最大值	90.10	86.69	85.00	87.61	

根据聚类分析的结果本书将35个社区划分为四大类：第一类包含8个社区，第二类包含9个社区，第三类包含7个社区，第四类包含11个社区。从这四类社区的特征来看第一类社区与第二类社区类似，均是政府角度的质量评价高于居民角度的质量评价。第一类社区社会组织在四个维度的质量平均分较高，而第二类社区社会组织在四个维度的质量平均分较低。第三类与第四类社区也较为类似，即在这两类中政府角度的质量评价都低于居民角度的质量评价。第三类社区社会组织在四个维度的质量平均分较高，而第四类社区社会组织在四个维度的质量平均分较低。

6.3.3.2 不同社区社会组织公共服务的差异的影响因素分析

为进一步考量不同社区内社区社会组织公共服务质量差异产生的原因，笔者深入探索差异背后的影响因素，通过影响因素的确立有利于明晰提升社区社会组织公共服务质量的努力方向。本书进一步收集社区社会组织的一些基本特征，与社区社会组织公共服务质量测评得分进行相关性分析，以期关注导致社区社会组织公共服务质量差异的一些影响因素。

（1）社区的本土性特征与社区社会组织公共服务质量。社区社会组织是否属于本社区自发的社区社会组织与其公共服务质量密切相关，因为正如访谈资料显示，本土的社区社会组织在提供公共服务过程中“因为他们比较了解本社区的情况，更好开展活动。经费上也会少很多”（访谈资料：GXQ202101）。对此，本研究分别整理了35个社区中社会组织的资料，若为社区提供公共服务的属于本社区自己的社会组织，则该社区为本土社区社会组织。从相关分析来看，社区内是否存在本土社会组织，这一影响因素在社区社会组织公共服务质量评价上的不同维度存在一定差异。在设计质量和关系质量上来看，社区内没有本土社区社会组织的得分高于有本土社区社会组织的得分，不过这一得分差异并不显著。在过程质量和结果质量上，社区内没有本土社区社会组织的得分低于有本土社区社会组织的得分，这一得分差异也不显著（表 6—26）。由此可见，虽然社区本土社会组织在提供公共服务方面更加便利，但有时因为本土社会组织规模较小、社区运转不规范，并不如发展成熟的大型社区社会组织，很难获得政府角度较为满意的评价。不过由于本土社区社会组织更加了解本社区的需求，在社区居民处容易获得较高的评价。

表 6—26　社区的本土性特征与社区社会组织公共服务质量相关性

	设计质量	关系质量	过程质量	结果质量	总分
社区内没有本土社区社会组织	80.87	81.87	78.29	81.49	80.63
社区内有本土社区社会组织	79.26	77.65	81.58	83.30	80.45
F 检验	0.15	1.01	0.84	0.35	0.00

（2）社区社会组织成熟度与社区社会组织公共服务质量。发展完善和成熟的社区社会组织一般拥有更加完善的公共服务供应流程，并可能与政府与社区居民建立更密切的关系。为了研究社区社会组织的成熟度与社区社会组织公共服务质量的关系，本书进一步整理了 35 个社区之中存在的社会组织的注册至今的存活年限（社区内社会组织平均生存时长），以及每个社会组织在社区中提供公共服务的合同时长（社区内社会组织提供公共服务合同时长），并与不同维度的公共服务质量得分进行相关性分析。表 6—27 是这两个变量与社区社会组织公共服务质量的相关系数表，从相关结果来看，社区内社会组织的平均存活时长与其提供的公共服务质量之间呈现负相关现象，即社区中社会组织存在时间越长，居民对其公共服务质量的评价越低。而社区社会组织提供公共服务的合同时长与社区社会组织公共服务质量之间关系并不密切，这一点可能与社区购买的公共服务合同大多均为 1 年期有关。

表 6—27　社区社会组织成熟度与社区社会组织公共服务质量

	设计质量	关系质量	过程质量	结果质量	总分
社区内社会组织平均生存时长	—0.188	—0.042	—0.361	—0.394	—0.295
社区内社会组织提供公共服务合同时长	0.199	0.208	0.063	0.058	0.180

(3) 社区社会组织公共服务财政支持与社区社会组织公共服务质量。社区社会组织提供公共服务质量的一个重要保障是社区购买公共服务的财政资金支持，本书进一步整理了35个社区发包的137个购买公共服务的合同信息，统计了每个社区购买公共服务的合同金额总量与社区人均合同金额数量，并将这两个变量与社区社会组织公共服务质量评分进行相关性分析。从表6－28的分析来看，社区公共服务总金额与过程质量和结果质量呈现出显著的负向相关关系，这表明在社区投入的公共服务总金额越高，居民对于社区社会组织提供的公共服务质量的评价越低。可见，社区公共服务投入越高越难以获得居民对于社区社会组织公共服务质量的满意。为了更进一步观察公共服务投入如何对社区公共服务质量评价产生影响，笔者将公共服务合同总金额进一步拆分成单个合同金额以及人均享受公共服务支出两个变量进行观察。从表6－28结果来看，单个合同金额越高，居民对社区社会组织服务质量评价越低，而人均享受公共服务支出则未见显著相关。由此可见，社区社会组织提供公共服务的合同金额不宜过高，更应该着重于其“小微性”，以更好地满足居民在社区生活中的需求。

表6－28 社区社会组织公共服务财政支持与社区社会组织公共服务质量

	设计质量	关系质量	过程质量	结果质量	总分
社区公共服务合同总金额	0.128	0.247	－0.507**	－0.482**	－0.147
社区公共服务单个合同金额	0.145	0.273	－0.382**	－0.379**	－0.066
社区内人均享受公共服务支出	0.097	－0.035	－0.094	－0.046	－0.019

注：** 表示 $p<0.01$。

(4) 建立综合模型。为更进一步观察上述影响因素对社区社会组织质量评价的综合影响，本书构建了社区社会组织公共服务质量影响OLS模型，得到表6－29的分析结果。从OLS模型结果可见，社区社会组织的成熟度（即社会组织平均生存时长）和社区公共服务单个合同金额这两个变量在过程质量、结果质量两个维度的评价上均产生了显著的负向影响，而其他变量对于社区社会组织公共服务质量评价没有产生显著影响。可见，在社区中提供公共服务的社会组织建立时间越长，越可能增加居民对社区社会组织公共服务质量的负面评价，而社区购买的公共服务合同金额越高，则越可能增加居民对于社区社会组织的负面评价。

表 6−29 社区社会组织公共服务质量综合结果（OLS）

	设计质量	关系质量	过程质量	结果质量	总分
社区本土社会组织	−3.411 (4.174)	−5.285 (4.186)	−0.704 (3.007)	0.779 (3.762)	−2.155 (3.138)
社会组织平均生存时长	−1.340 (1.261)	−0.082 (1.555)	−2.863*** (0.725)	−3.194** (0.903)	−1.870 (0.970)
社会组织提供公共服务合同时长	17.164 (14.957)	19.490 (14.855)	6.642 (5.589)	7.055 (6.008)	12.588 (8.529)
社区公共服务单个合同金额	0.586 (1.822)	2.388 (1.925)	−4.483*** (1.211)	−5.084*** (1.386)	−1.648 (1.258)
社区内人均享受公共服务支出	−0.832 (2.860)	−0.655 (3.070)	−1.871 (1.602)	−2.878 (1.910)	−1.559 (2.118)
截距	66.557 (32.545)	41.003 (32.160)	138.844*** (13.175)	145.660*** (15.531)	98.016*** (20.300)
N	35	35	35	35	35
F	1.378	1.042	6.667	6.450	2.135
R^2	0.097	0.146	0.419	0.404	0.174

注：** 表示 $p < 0.01$，*** 表示 $p < 0.001$。

社区社会组织公共服务质量在不同社区之中确实存在差异，这些差异一般与社区社会组织的成熟度以及购买公共服务的合同金额相关。社区社会组织组织越成熟、购买公共服务合同金额越高，获得居民较高满意度就越难，其原因可能在于社区“小微性”的重要特征，更加需要灵活且精准对接的社区社会组织提供的公共服务。尽管政府通过增加购买服务资金来努力提高公共服务质量，但这有时并不奏效。一个可能的解决路径是直接对社区社会组织进行赋能，提高其本身的能力。

7 政策建议与研究展望

7.1 政策建议

本书在习近平新时代中国特色社会主义思想的指导下，综合运用新公共服务理论、协同治理理论、全面质量管理理论，突出社区社会组织公共服务供给质量测评的内涵特质，即以公共问题为内核，对公共价值进行深度聚焦，以现代治理为主线，对社会生活进行关照回应，以公共服务为目的，对新兴组织进行功能解构，以科学管理为手段，对精细化质量测评进行方法嵌入。同时，将“服务利润链”的理论视角嵌入其中，构建了“4 个一级维度 + 14 个二级维度 +44 个具体指标”的社区社会组织公共服务质量测评体系。在此基础上，本书坚持实证运用为目标，立足 5 个城市 35 个社区进行数据采集，采用层次分析法进行权重赋值，采用模糊综合评价法和加权平均法进行综合测量计算，找准了社区社会组织公共服务质量存在的问题和短板，为提升社区社会组织公共服务质量找到了“靶向”。针对研究发现，结合社区治理、社区社会组织成长发展和公共服务质量改进的需要，本书提出三个方面的政策建议。

7.1.1 深化合理管控，实现社区社会组织公共服务质量测评维度统筹兼顾

从社区社会组织公共服务质量测评维度看，设计质量、关系质量、过程质量、结果质量构成了一个涵盖全主体、全要素、全过程的综合体，其中任何一个方面的偏废都可能导致整体质量评价不佳。根据实证研究结果，社区干部对于社区社会组织的设计质量评价相对较高，在关系质量维度评价相对偏低，居民对于社区社会组织提供公共服务的结果质量评价相对较高，而过程质量评价相对偏低。很显然，社区社会组织公共服务质量存在着不平衡、不充分、不协

调之处。对此，必须从整个社区公共服务的供给链出发进行改进，使得多主体在社区公共服务供给活动中实现协同治理、互利共赢、功能互补，从而全面保障服务质量。

7.1.1.1 加强党的领导，形成党建引领社区服务质量建设的良好格局

党对于社区公共服务的领导力，不仅体现在街道一级基层行政组织对使命任务的坚决贯彻落实，还应当把理念、方法和标准传导并落实到社区居民自治组织和社区社会组织。加强基层党支部的标准化和规范化建设是关键环节。这项工作在社区层面的开展，和居民自治组织、非营利组织的价值使命并不矛盾，有利于政治工作和业务工作的双向融合，跳出了“指导关系”“业务关系”“合同关系”等局限性。在党领导开展社区公共服务供给过程中，重点是抓住社区居民自治组织和社区社会组织两个关键主体。一方面，社区居民自治组织在构建良好党群关系中扮演着“黏合剂”作用。通过理论学习、政策宣传、业务指导、人员委派、硬件支持等多种方式，可以使社区居民自治组织与政府部门的紧密相连。这样在社区社会组织公共服务质量管理过程中，可更有效地执行解释说明、意见传导、辅助服务、矛盾处置等职责，使社区和谐度成为质量测评的“背景板”。另一方面，社区社会组织作为公共服务的具体提供者，必须主动积极接受党的领导，把同政府部门单一的经济业务关系提升为政治协同关系。可以变刚性的项目合同约束为长期的战略协同承诺，不仅关注于纸面定量指标的完成情况，更关注于公共服务项目的产出效果。基于长期稳定的“委托−代理”协同经历，地方政府还可以给予社区社会组织在名誉、承诺、优待、经济补偿等方面的可期价值，促进社区社会组织更主动地承担起公共服务质量改进责任。

7.1.1.2 深化组织培养，充分激发社区社会组织的质量意识和竞争能力

从目前中国社会组织的发展现状看，具有市场开拓能力、良好成长空间、稳定供需关系的强大社会组织还为数不多，绝大多数社会组织仍未能摆脱对地方政府部门的“输血”依赖。具体而言，数量庞杂、门类众多、能力有限、资本缺乏、流动性大等特点导致社区社会组织更加缺乏“造血”能力，形成同地

方政府部门更紧密的依附关系。此外，社区社会组织由于根植于社区，在提供公共服务方面的理念、方式、过程等方面常表现出一种“惰性”，往往只是按部就班地完成服务项目，缺乏对质量内容的周到考虑和对质量改进的主动作为。在公共服务供给中，可以采用激发“鲶鱼效应”的策略，在“发包”阶段考虑组织承揽的竞争性，而不是仅依赖于公开投标等绝对竞争方式或单一来源采购等“零竞争”方式，而应更多采用竞争性谈判、磋商、询价等准竞争“发包”方式，培养本土社区社会组织的竞争能力，倒逼社区社会组织全面重视公共服务质量内容，改进提升公共服务质量，形成以质量特色为主的竞争导向。在具体实践过程中，作为“发包方”的地方政府部门对本土社区社会组织要多给“机会”但不给“优惠”，把多维的质量指标纳入招投标书和合同文本，建立质量成本“追回”机制，让社区社会组织深刻认识到质量的“生命线”作用。同时，地方政府民政部门中的社会组织管理机构应进一步承担起指导职责，通过开展对标访学、业务指导、过程督导、质量问责等活动，强化对社区社会组织质量管理能力的培养。可以运用对标管理工具，建立可视化的同类型社区社会组织公共服务内涵指标“图版”，定期发布通报，定期组织优胜者评奖，帮助社区社会组织找到改进和提升公共服务质量的具体方向与内容，营造社区社会组织公共服务质量比学赶超、创先争优的社会氛围。

7.1.1.3 打造质量品牌，提升社区社会组织公共服务的核心优势

正如前面的研究发现，虽然本土的社区社会组织凭借其“熟人熟事”的草根性，在提供公共服务方面更加便利，但正因为其组织规模较小、事务运转不规范，反而在质量管控方面不如发展成熟的大型社会组织。社会组织的注册资本越高，意味着这些组织将具有更为可靠的资金来源保证和资本运作能力，能保证提供更为优质的公共服务。因此，推动社区社会组织公共服务质量管理的长远之策在促进本土社区社会组织做大做强，形成具有区域影响力的服务品牌。一是要加强社区公共服务标准化建设。无论是工业产品生产还是服务类项目，标准化建设是质量测评与改进的基础。在本书研究的基础上，地方政府可以探索建立基于质量测评维度及指标的社区公共服务优质标准，形成一份涵盖设计标准、关系标准、过程标准、结果标准的社区社会组织公共服务作业指导书，并确立社区社会组织提供公共服务的“质量承诺”。二是在公共服务供给

中实施质量精益管理。与大型社会组织相比，社区社会组织在公共服务项目广度、标准化水平、能力支撑上显然不具备先发优势，但在提升服务细节的精益水平方面具有良好的潜力。正如本书建立的社区社会组织公共服务质量测评指标所展示，社区社会组织可以在服务过程的公正性、邻里之间的信任度、人际关系的融洽度、对个性需求的满足等方面进行深度挖掘，并将这种质量“深度”作为其公共服务质量品牌的“内核”。三是探索开展跨社区的交流和拓展。品牌的核心在于影响力和忠诚度。社区社会组织应当逐步跳出服务本土社区的“路径依赖”，开展跨社区的组织交流和业务拓展，找寻质量改进的短板，拓宽服务质量的内涵。有条件的社区社会组织还应当探索构建“职业联盟”，形成小微组织之间的连锁服务机制，弥补公共服务项目中的非专业缺陷，以便以最简单的相互补位的方式弥补在质量测评中发现的短板。

7.1.2　抓住心理特质，以点带面提升社区社会组织公共服务质量测评水平

与工业产品的生产不同，大多数社区公共服务项目是无形的。这就意味着地方政府和社区社会组织很难用体积、规格、包装等固态指标进行衡量，而社区居民的主观心理感受占据了较大的质量测评话语权。从前面研究得出的社区社会组织公共服务质量测评各维度权重分配可以看出，心理情感因素明显占有更大的测评权重，比如服务执行过程的公正性、共性能力、忠诚、个人生活感受等。但社区不是一个抽象的整体，而是具体的单个居民的集合体。除了信息摄入，个体的认知水平、历史经验和情绪波动也极大地影响着个体行为，外显性的信息资源和内隐性的个体特质共同孵化出行为选择的结果。个体心理感知的变化，以及个体情绪的相互影响，都可能影响社区社会组织公共服务质量测评的结果。因此把握社区居民的心理特征，从公共服务项目设计到结果产出全过程进行“心理干预”，对于形成客观理性的社区社会组织公共服务质量测评结果，并形成正确的质量改进方向十分必要。

7.1.2.1　干预心理预期，促进良性供需对接

社区居民的心理期望如同银行账户，在面对账目开销的时候，如果账户余额低于开销金额，那么供需之间就无法完成交易；如果账户余额高于开销金

额，那么供需之间的交易就可以很顺利地完成。在调研中总会听到社区工作人员感慨基层工作难做，部分社区居民不好打交道，总会遇到“刺头”。这主要是由于对居民“心理账户”的管理不够到位。地方政府和社区社会组织应当把干预社区居民的“心理账户”作为开展社区社会组织公共服务测评的前置条件和基础工作，保证公正合理的测评结果。一是加强心理预期引导。社区公共服务项目是属于基本公共服务，不是个性化、商业化的服务项目。基本公共服务满足居民基本需求，服务内容的涵盖面和品质的高低与社区具体情况、社会发展水平、居民配合程度呈正相关，不能让居民认为“既然提供了服务，就必须享受到高品质的结果”。可以从项目设计初期开始，就加大居民参与力度，帮助居民理解社区社会组织公共服务项目的目的、内容、步骤和结果，并体验公共服务项目推进的难度，以增强供需双方的“同理心”，建立合理的心理预期“账户”。二是平衡居民在服务实施过程中的心理状态。工业产品若质量检测不过关可以返回流水线进行改造完善，但公共服务的过程具有不可逆性，任何两个公共服务项目的实施过程都难以保证完全无差别。这容易让居民产生“上次服务是规范的，而这次就不一样”或者“对别人是一套做法，对我的服务不一样”的心理困惑，进而在社区公共服务中产生矛盾和纠纷。这需要地方政府和社区加强对过程的监督和沟通解释，并把监督过程展示出来，表明社区公共服务的实施总是控制在标准的合理区间，在实施过程中进行心理纠偏。三是要保证居民在质量测评前心理状态稳定。开展社区社会组织公共服务质量测评，从质量管理层面看是加强事后质量控制，形成质量改进的起点。但是从社会心理层面看，是建立一个公众意见表达的渠道，让个体情绪得到宣泄。社区居民关注点在于自己的意见是否被尊重，而不在于提出的意见是否绝对正确。在开展社区社会组织公共服务质量测评前，地方政府可以组织开展双向的恳谈会，就个体感受进行交流，促进双向共识的达成，然后再实施单向的意见采集，避免产生由于事后心理落差带来不负责任的测评行为。

7.1.2.2 运用时间要素，提高质量补偿水平

在公共服务质量管理中，时间是一个重要的测量标尺。为保证良好的社区社会组织公共服务测评结果，可以将时间作为过程质量的一个补偿因素，在响应时间、准备时间、循环时间等方面进行改进。一是要尽可能缩短响应时间。

当社区居民提出有条件实施的公共服务项目时，地方政府要及时予以回应，并尽快启动项目的设计和实施，让居民感受到社区的公共服务是迅捷而灵敏的。这使得社区社会组织公共服务的供给在主观感受上从一开始就具备了质量“加分”的优势。二是要尽可能缩短准备时间。在社区公共服务项目具体的实施过程中，从需求发出到进场实施总会存在一个准备阶段。应将这个阶段视为社区公共服务项目实施前的无效时间损耗，这意味着时间损耗越多，对服务接受者的负面影响就越大。例如，在养老护理、建筑补修、健康监控等社区公共服务项目中，过长的准备时间会导致居民承担额外的等待成本和可能的物质损失，进而在质量测评中引发负面情绪。三是要有针对性地延长循环时间。既然把时间作为公共服务质量管理的一个标尺，那么服务时间的长短就在一定程度上影响着质量测评的结果。在一次性的服务中，服务人员的形象展示和提供的专业技术很重要；但在循环往复的服务中，最近一次的服务时间往往发挥着重要作用。针对服务感受有异议的社区居民，社区社会组织可以提供个性化的延时服务。例如在儿童看护、老人陪护等社区公共服务项目中，社区社会组织可以提供不同的时间保障，为服务接受者灵活调整服务时间，以有针对性地提升社区公共服务个体满意度。

7.1.2.3　积累社会资本，增强社区群体的凝聚力和忠诚度

个人常通过与他人的交往进行交流和分享，从而获得心理上的满足和释放，得到精神上的慰藉和平衡。当社区居民接受社区社会组织提供的公共服务时，他们不仅关注具体结果，也会关注社区群体中的交流体验和群体印象。现代社会的社区形成尽管已经打破了血缘、宗族的界限，但并非一个零散无序的“自由体”，新的社区关系网络的形成让社区社会组织公共服务质量测评面临着强大的社群影响力。这种社群影响力有着特殊规律性，由于个体在社区关系网络中的差异而带来不同的影响，与费孝通提出的“差序格局”有着相同的意蕴。地方政府和社区社会组织要抓住社区关系“差序格局”中的关键点，即在“投石波纹逐层泛开”结构中最靠近“落石点”的关键人物。这些关键人物凭借他们在社区关系网络中的独特地位，极容易成为社区社会组织公共服务质量测评的意见领袖。地方政府和社区社会组织可以在资源互利的基础上将这些意见领袖纳入供给链，一方面促进社区社会组织公共服务项目质量的过程管控，

另一方面正面引导社群在质量测评中的意见倾向。同时，地方政府和社区社会组织还需要尽可能占有“中间民众”。公正合理的社区社会组织公共服务测评结果应当是呈“橄榄状”的，“中间民众”越壮大，测评结果的信度和效度就越佳。地方政府可以鼓励建立社区公共服务居民互助组，以非正式组织化的方式把“中间民众”凝聚起来，加强意见领袖的正向引导，促进社区居民在多元化的交流、沟通、评价中形成基本一致的意见，让社区社会组织公共服务测评得到更为融洽合理、更具有建设性的结果。

7.1.3 坚持问题导向，加强对社区社会组织公共服务质量测评的结果运用

研究结论指出，社区社会组织一方面由于其天然具备的“草根性”，在服务本地社区上具有知情优势、关系优势和操作优势；另一方面受制于“小微性”的特质，在社区公共服务供给中难以兼顾标准、效率、共情、公正等要件，这在一定程度上影响了服务产出效果，制约了社区社会组织的发展空间。注册资本较多的社会组织能够获得更可靠的资金保障，获得的服务满意度相较小型社区社会组织更有优势。可见社区社会组织的质量变革不是通过短时间小修小改就能解决的，而需要突破固化的社区社会组织公共服务供给结构，让社会变革、管理变革和技术变革为质量变革提供新的驱动，实现对社区社会组织公共服务质量测评结果的高效运用。

7.1.3.1 强化服务韧性，突显本土社区社会组织的稳定性

在百年未有之大变局背景下，社区和社区社会组织正面临着社会变革的巨大冲击，公共服务的供给的范围、方式、节奏和质量都在迅速变化，速度远超以往。特别是在新风险社会中，社区居民传统的思维模式、生活方式和生存态势都面临着前所未有的挑战。风险社会的到来并不是过去的常态发生逆转，而是加速了许多变化的到来，并从整体上改变了社区生活状态。这种改变是对社会发展潮流的顺应，也是不可逆的，为社区社会组织的发展，特别是社区社会组织公共服务质量改进提供了新的契机。工业经济时代的发展依赖于高度的社会分工，以细化分工带来专业生产，以专业生产提升产品质量。这映射到社区公共服务领域就需要引入专业化的大型社会组织，让规模化、专业化的社会组

织来保障公共服务质量。但是，在新时代的社会变革中，社区公共服务中专业化分工和规模化生产面临巨大挑战。比较而言，本土社区社会组织在公共服务供给上更具有韧性，能够把服务稳定性置于社区社会组织公共服务质量测评的首要地位。毕竟，在社会应急管理按下“暂停键”的情形下，“有没有”比“好不好”更为重要。地方政府在培育社区社会组织的时候，应当更加注重本土稳定的、便捷的公共服务供应链建设，把社区社会组织的稳定性优势凸显出来，在业务指导、场地支持、项目发包、人才保障等方面给予更多的倾斜，以地方政府、社区、社区社会组织和社区居民之间稳定协同的确定性应对社会变革的不确定性，以社区社会组织公共服务供给韧性保障社区公共服务的质量改进。

7.1.3.2 加强组织管理，优化对社区社会组织的要素支撑

根据社区社会组织公共服务质量测评结果的聚类分析，无论是质量测评结果的高与低，社区干部和社区居民的评价都存在明显分化。从官僚动机分析，社区干部基于向上晋升的政绩驱动，偏向于采用能够产生预期结果的社区社会组织实施公共服务供给。同时，为了确保施政理念的高效贯彻和过程的严密管控，社区干部更倾向于选择与之有良好合作基础的社区社会组织来提供公共服务。在这种情况下，即便社区社会组织公共服务供给结果没有达到预期，社区干部也会出于“文过饰非”的目的给予良好的评价。这样就与关注质量产出的社区居民的评价存在显著偏差。要解决这种测评偏差，就需要给予社区社会组织更多的要素支撑。一是加强项目内容支撑。不应当把社区公共服务项目视为死板的批量化生产，而可以给予社区社会组织和社区居民更多的选择权力。有条件的社区可以采用“用者付费”的方式，把同一公共服务项目划分为若干层次，以供服务接受者选择。对于社区居民选择超出标准的服务内容，可以在收取必要的成本费用后再进行提供，既尊重居民的选择权并提升满意度，又保障社区社会组织的发展权并调动服务内在动力。二是加强财审监督支撑。可以对社区社会组织公共服务供给项目实行项目制管理，派驻财务审计监督员，在项目预算、资金列支、财会报表、审计结算等方面给予全过程的智力支持。有条件的社区还可以设立公共服务“补给基金”，对于超预算但必须推进的社区公共服务项目提供必要的资金补充，避免社区社会组织因资金链断裂而终止公共

服务项目，从而为社区社会组织公共服务质量提供更稳定的资金支持。三是加强人力资源支撑。与劳务外包机构建立广泛的合作关系，在社区社会组织公共服务项目业务量暴增的情况下给予稳定的人力资源支持，避免因社区社会组织自有人力资源周转调剂不及时而产生的社区居民质量感知下降。

以“云大物智”为核心特征的第四代工业革命浪潮正在全球范围内加速发展，大数据、云计算、5G、数据画像、智能终端等信息技术与装备正在日益深入地影响着社区居民的生活。新的技术变革也为社区社会组织公共服务质量管理提供了历史契机，不仅限于为质量测评提供便捷化条件，更为质量改进提供了决策依据。地方政府可以在社区层面对社区居民进行“全数据”采集，建设一个基于云技术的储存、计算、安全运维的信息平台，从数量庞大的、价值密度低的、动态变化的、结构和非结构数据并存的数据库中挖掘价值信息，为社区社会组织公共服务精细化管理、改进提升服务质量提供决策支撑。同时，广泛运用于终端信息识别的微小化、可携带化信息装备，通过射频识别(RFID)、红外感应、无线定位、激光扫描等信息传感方式，把物体与物体、物体与人进行信息绑定与交换，实现智能化的识别、定位、跟踪、监控和管理。这些技术能够揭示传统技术难以展现的事物间的关联性和生命周期，为信息的大规模综合和集成提供了可能性。地方政府可以在社区层面结合公共服务需要，加大便携式信息装备的推广力度，为信息实时采集和提升社区社会组织公共服务质量感知水平提供更强有力的硬件支撑。

7.2 研究展望

本书围绕社区社会组织公共服务的供给质量测评进行了全面深入的研究探索，并克服突发公共卫生事件对调研的影响，最终按照前期设计方案完成了研究的主要任务。但是，由于“社区社会组织公共服务的供给质量测评”是一个充满复杂性与挑战性的实践课题与理论难题，本书受制于主观能力限制和客观条件约束，难免存在需要改进的空间，这需要在后续的研究中进一步探索。

第一，社区社会组织公共服务供给质量测评的理论基础需要进一步加强。社区社会组织是一个具有复杂性的研究个体，社区社会组织的公共服务供给质量测评更是一个富有挑战性的研究主题，需要多学科理论的交叉融合和持久的研究支持。本书在习近平新时代中国特色社会主义思想指导下，为了厚植理论根基，吸纳融合了政治学的协同治理理论、公共管理学的新公共服务理论和工商管理学的全面质量管理理论。总体来看，本研究在政治学和管理学的理论路径较为明显，但经济学和社会学理论支撑相对较弱。如果能从更多的学科维度进行理论支撑，将会进一步拓宽社区社会组织公共服务供给质量测评的研究视野。

第二，社区社会组织公共服务供给质量测评的数理分析需要进一步完善。本书在科学计量、精心筛选、深入调研的基础上，从全国 5 个城市 35 个社区中收集了一手数据，这些数据具有比较理想的代表性。但从时间维度和类型学上看，数据运用上还具有局限性。随着社会转型和社区生态变迁，社区社会组织公共服务供给质量的基础数据会出现什么样的变化？社区之间、社区社会组织之间、公共服务项目之间的差异性会给测评结果带来什么样的边际变化？同时，除了本书采用的数据统计分析方法，还有什么方法能为测量权重赋值、信效度检验、综合评价提供更可靠的结果？这些都需要在深入研究中做出持续探索。

第三，针对社区社会组织公共服务供给质量测评，提出的对策建议还需要进一步扩充。从管理实践角度来看，测评只是社区社会组织公共服务供给质量管理的一个环节，其前端有质量设计、质量标准等，后端还有质量评价、质量追责、质量改进等。放在全程高质量管理的全局来看，将测评研究的对策建议与前端的衔接及后端的延展相结合，构成了一个更具挑战性的任务。只有在完成其他关键环节的研究基础上，基于测评研究的对策建议才能更加饱满，才能在社区社会组织公共服务供给质量管理上形成“链条式”的完整闭环。这需要以更坚定的定力和更系统的行动，对社区社会组织公共服务供给质量管理研究持续深化、久久为功。

参考文献

埃文斯，林赛，2016. 质量管理与卓越绩效 [M]. 9版. 中国质量协会组织编译，岳盼想，等译. 北京：中国人民大学出版社.

白长虹，陈晔，2005. 一个公用服务质量测评模型的构建和分析：来自中国公用服务业的证据 [J]. 南开管理评论 (4)：5—8.

宝鹿，2004. 关于质量定义的研究、讨论和探索 [J]. 上海质量 (3)：43—48.

本刊评论员，2021. 在学习党史中更好走向未来 [J]. 求是 (5)：66—68.

长春市统计局，2023. 长春市2022年国民经济和社会发展统计公报 [R].

陈朝兵，2017. 公共服务质量：一个亟待重新界定与解读的概念 [J]. 中共天津市委党校学报，19 (2)：74—81.

陈朝兵，2017. 公共服务质量的概念界定 [J]. 长白学刊 (1)：63—68.

陈朝兵，2019. 基本公共服务质量：概念界定、构成要素与特质属性 [J]. 首都经济贸易大学学报，21 (3)：65—71.

陈朝兵，代佳欣，2017. 基层党组织创新社区服务供给机制研究——以C市J区为例 [J]. 四川理工学院学报 (社会科学版)，32 (2)：1—15.

陈洪涛，王名，2009. 社会组织在建设城市社区服务体系中的作用——基于居民参与型社区社会组织的视角 [J]. 行政论坛，16 (1)：67—70.

陈建，2010. 中国政府全面质量管理系统的构建 [J]. 行政论坛，17 (2)：38—41.

陈科霖，张演锋，2020. 政社关系的理顺与法治化塑造——社会组织参与社区治理的空间与进路 [J]. 北京行政学院学报 (1)：26—33.

陈荣卓，申鲁菁，2016. 我国城市社区公共服务创新：地方经验与发展趋势［J］. 当代世界社会主义问题，127（1）：28—44.
陈文博，2012. 公共服务质量测评与改进：研究综述［J］. 中国行政管理（3）：39—43.
陈雅丽，2007. 国外社区服务相关研究综述［J］. 云南行政学院学报，62（4）：173—176.
陈忆金，曹树金，2019. 用户中心视角下公共文化服务质量评价研究［J］. 图书情报工作，63（17）：60—68.
陈振明，2000. 评西方的"新公共管理"范式［J］. 中国社会科学（6）：73—82，207.
陈振明，2011. 公共服务导论［M］. 北京：北京大学出版社.
陈振明，2017. 公共服务质量管理——理论、方法与应用［M］. 北京：科学出版社.
陈振明，李德国，2012. 公共服务质量持续改进的亚洲实践［J］. 东南学术（1）：102—112.
成都市统计局，2023. 2022 年成都市国民经济和社会发展统计公报［R］.
戴明，2003. 戴明论质量管理［M］. 钟汉清，戴久永，译. 海口：海南出版社.
登哈特 JV，登哈特 RB，2004. 新公共服务——服务，而不是掌舵［M］. 丁煌，译. 北京：中国人民大学出版社.
邓剑伟，郭轶伦，李雅欣，等，2018. 超大城市公共服务质量测评研究——以北京市为例［J］. 华东经济管理，32（8）：49—57.
狄骥，2017. 公法的变迁［M］. 北京：商务印书馆.
丁元竹，2017. 社会的逻辑［M］. 北京：北京大学出版社.
董丽，2012. 基于公共价值的电子政府服务质量测评研究［J］. 电子政务（11）：30—36.
董丽，2015. 基本公共服务质量评价问题研究［D］. 长春：吉林大学.
范逢春，2014. 县级政府社会治理质量价值取向及其测评指标构建——基于社会质量理论的视角［J］. 云南财经大学学报，30（3）：109—119.

方盛举，陈然，2019. 现代国家治理视角下的边疆：内涵、特征与地位［J］. 云南师范大学学报（哲学社会科学版），51（4）：22－30.

菲根堡姆，1991. 全面质量管理［M］. 杨文士，廖永平，等译. 北京：机械工业出版社.

费孝通，2006. 乡土中国［M］. 北京：生活·读书·新知三联书店.

福斯特，2018. 质量管理整合供应链［M］. 6 版. 何桢，译. 北京：中国人民大学出版社.

高红，2011. 社区社会组织参与社会建设的模式创新与制度保障［J］. 社会科学（6）：76－83.

高红，杨秀勇，2018. 社会组织融入社区治理：理论、实践与路径［J］. 新视野（1）：77－83.

高鉴国，2006. 社区公共服务的性质与供给——兼以 JN 市的社区服务中心为例［J］. 东南学术（6）：41－50.

耿云，2008. 治理理论视角下的中国城市社区公共服务研究［D］. 北京：中国政法大学.

耿云，2013. 我国城市社区社会组织的发展困境及其对策［J］. 云南行政学院学报，15（6）：102－104.

顾丽梅，2005. 新公共服务理论及其对我国公共服务改革之启示［J］. 南京社会科学（1）：38－45.

哈拉契米，2003. 政府业绩与质量测评：问题与经验［M］. 张梦中，丁煌，等译校. 广州：中山大学出版社.

韩喜平，巩瑞波，2017. 习近平社会建设战略思想的鲜明特征［J］. 毛泽东邓小平理论研究（10）：15－21，107.

韩小凤，2016. 从传统公共行政到整体性治理——公共行政理论和实践的新发展［J］. 学术研究（8）：77－82.

合肥市统计局，2023. 合肥市 2022 年国民经济和社会发展统计公报［R］.

何继新，2019. 城市社区公共物品协同供给治理创新研究［M］. 北京：机械工业出版社.

何欣峰，2014. 社区社会组织有效参与基层社会治理的途径分析［J］. 中国行政管理（12）：68－70.
何桢，赵玉忠，2008. 全面质量管理中的关键影响因素分析［J］. 统计与决策（12）：164－166.
亨廷顿，2008. 变化社会中的政治秩序［M］. 王冠华，刘为，等译. 上海：上海人民出版社.
胡仙芝，2010. 社会组织化发展与公共管理改革［M］. 北京：群言出版社.
怀特，亚当斯，2005. 公共行政研究——对理论和实践的反思［M］. 北京：清华大学出版社.
黄露，2017. 社区社会组织参与公共服务供给中的问题研究［D］. 西安：陕西师范大学.
黄新华，2014. 从公共物品到公共服务——概念嬗变中学科研究视角的转变［J］. 学习论坛，30（12）：44－49.
姜德琪，2009. 关于构建城市社区公共服务供给平台的思考［J］. 湖北社会科学（3）：51－54.
姜晓萍，陈朝兵，2018. 公共服务的理论认知与中国语境［J］. 政治学研究（6）：2－15，126.
姜振华，胡鸿保，2002. 社区概念发展的历程［J］. 中国青年政治学院学报（4）：121－124.
金青梅，2006. 内修外治：提升公务员的公共服务质量［J］. 经营与管理（11）：9－10.
康晓强，2009. 社区社会组织研究：回眸与展望［J］. 社团管理研究（10）：40－43.
孔微巍，谭婷婷，廉永生，2021. 基于探索性与验证性因子的公共就业服务质量研究［J］. 学习与探索（6）：145－151.
兰旭凌，2019. 风险社会中的社区智慧治理：动因分析、价值场景和系统变革［J］. 中国行政管理（1）：140－145.
兰旭凌，2021. 重大公共安全危机中的制度治理：逆向摩擦、模式构建与系统支撑［J］. 行政论坛（4）：133－141.
兰旭凌，范逢春，2019. 政府全面质量治理：新时代公共服务质量建设之道

［J］. 求实（4）：30－43，110.
李彬，韩增林，马慧强，2015. 辽宁省城市基本公共服务质量差异的时空分析［J］. 人文地理，30（3）：111－117.
李冬，2018. 京津冀地区公共服务质量测评［J］. 地域研究与开发，37（2）：52－57.
李方毅，郑垂勇，2020. 我国省级政府公共服务绩效评估研究［J］. 南京社会科学（7）：26－33.
李凤琴，2012. 从权威控制到体制吸纳：中国城市社区公共服务模式转变研究［D］. 南京：南京大学.
李汉卿，2014. 协同治理理论探析［J］. 理论月刊（1）：138－142.
李洪佳，沈亚平，2017. 公共服务供给侧改革的理论范式及实践路径［J］. 中共天津市委党校学报，19（2）：68－73.
李吉梅，宋铁英，2009. 公共部门网站服务质量评价：框架、过程与方法［J］. 情报杂志，28（5）：82－86，94.
李健，郭薇，2017. 资源依赖、政治嵌入与能力建设——理解社会组织党建的微观视角［J］. 探索（5）：121－127.
李杰，2017. 顾客导向理念嵌入基层社区组织公共服务供给模式研究——以上海市S社区为例［J］. 哈尔滨商业大学学报（社会科学版）（3）：72－81.
李军鹏，2007. 公共服务学——政府公共服务的理论与实践［M］. 北京：国家行政学院出版社.
李培志，2019. 引导与自觉：城市社区社会组织参与社区治理的路径分析［J］. 中州学刊（6）：79－85.
李雪萍，曹朝龙，2013. 社区社会组织与社区公共空间的生产［J］. 城市问题（6）：85－89.
李亚彬，李光瑶，刘亚南，2018. 改革开放以来我国社会质量管理理论思想创新［J］. 企业经济，37（10）：70－75.
李延均，2016. 公共服务及其相近概念辨析——基于公共事务体系的视角［J］. 复旦学报（社会科学版），58（4）：166－172.
梁波，2015. 推进社会治理创新的遵循——学习习近平总书记关于社会建设的

重要论述 [J]. 科学社会主义 (4): 6—10.
梁昌勇，代犟，朱龙，2015. 基于 SEM 的公共服务公众满意度测评模型研究 [J]. 华东经济管理，29 (2): 123—129.
林兵，陈伟，2014.“吸纳嵌入”管理：社会组织管理模式的新路径——以浙江省 N 市 H 区社会组织服务中心为例 [J]. 江海学刊 (1): 107—113.
刘春湘，邱松伟，陈业勤，2011. 社会组织参与社区公共服务的现实困境与策略选择 [J]. 中州学刊 (2): 106—110.
刘笑杰，夏四友，李丁，等，2020. 湖南省基本公共服务质量的时空分异与影响因素 [J]. 长江流域资源与环境，29 (7): 1535—1544.
刘耀东，2017. 农村社区服务类社会组织公共服务供给能力研究——以 H 省为例 [J]. 行政论坛，24 (3): 119—123.
刘耀东，施雪华，2010. 钟摆效应？抑或融合效应？——从新公共管理到新公共服务的价值变迁 [J]. 晋阳学刊 (5): 25—28.
刘振，朱志伟，2018. 目标与结构：社区社会组织的类型化分析 [J]. 社会工作与管理，18 (2): 72—77.
吕万刚，曾珍，2020. 基于公众感知的大型体育场馆公共体育服务质量测评与实证研究 [J]. 体育学刊，27 (5): 59—67.
吕维霞，2010. 论公众对政府公共服务质量的感知与评价 [J]. 华东经济管理，24 (9): 128—132.
吕维霞，钟敬红，2010. 论信息公开对政府公共服务质量的影响 [J]. 情报科学，28 (11): 1616—1619，1624.
栾丽霞，杨琴侠，2014. 合作治理视域下社会组织参与社区公共服务的探究 [J]. 学术论坛，37 (4): 117—121.
罗森布鲁姆，克拉夫丘克，2002. 公共行政学：管理、政治和法律的途径 [M]. 张成福，译. 北京：中国人民大学出版社.
马慧强，韩增林，江海旭，2011. 我国基本公共服务空间差异格局与质量特征分析 [J]. 经济地理，31 (2): 212—217.
马立，曹锦清，2017. 社会组织参与社会治理：自治困境与优化路径——来自上海的城市社区治理经验 [J]. 哈尔滨工业大学学报 (社会科学版)，19

(2)：1—7.

马庆钰，2005. 公共服务的几个基本理论问题［J］. 中共中央党校学报（1）：58—64.

马全中，2016. 近年来政府向社会组织购买公共服务研究述评［J］. 社会主义研究（2）：158—166.

马英娟，2012. 公共服务：概念溯源与标准厘定［J］. 河北大学学报（哲学社会科学版），37（2）：75—80.

毛佩瑾，徐正，邓国胜，2017. 不同类型社区社会组织对社会资本形成的影响［J］. 城市问题（4）：77—83.

毛寿龙，李梅，陈幽泓，1998. 西方政府的治道变革［M］. 北京：中国人民大学出版社.

帕特南，2001. 使民主运转起来　现代意大利的公民传统［M］. 王列，赖海榕，译. 南昌：江西人民出版社.

潘修华，龚颖杰，2014. 社会组织参与城市社区治理探析［J］. 浙江师范大学学报（社会科学版），39（4）：79—84.

冉鹏程，方堃，2016. 社会组织承接政府公共服务的胜任力研究［J］. 领导科学（11）：17—19.

赛奇，杨帆，2017. 习近平时代中国公民如何评价治理质量［J］. 中共浙江省委党校学报（1）：15—27.

深圳市统计局，2023. 深圳市 2022 年国民经济和社会发展统计公报［R］.

沈菊生，纪晓岚，2018. 价值、结构与运行：习近平国家治理思想的精细化向度［J］. 华东理工大学学报（社会科学版）（5）：1—9，20.

沈荣华，2007. 政府间公共服务职责分工［M］. 北京：国家行政学院出版社.

沈亚平，陈建，2017. 虚化与重塑：公共服务质量评价的价值理性研究［J］. 长白学刊（2）：72—77.

施国洪，王晓燕，岳江君，2011. 基于 SERVQUAL 的非营利性组织服务质量测评模型研究［J］. 华东经济管理，25（2）：147—150.

施国权，2012. 社会组织参与图书馆公共服务的模式与限度［J］. 图书馆杂志，31（8）：13—16.

施瓦布，马勒雷，2020. 后疫情时代——大重构［M］. 世界经济论坛北京代表处，译. 北京：中信出版集团.

史卫东，赵林，2015. 山东省基本公共服务质量测度及空间格局特征［J］. 经济地理，35（6）：32－37.

宋雪雁，张岩琛，朱立香，等，2018. 公共档案馆微信公众平台服务质量测评实证研究［J］. 档案学研究（1）：49－58.

苏强，陈剑，1999. 质量管理层次结构模型［J］. 清华大学学报（自然科学版）（10）：124－127.

苏州市统计局，2023. 2022年苏州市国民经济和社会发展统计公报［R］.

孙彩红，2015. 治理视角下的社区公共服务——基于深圳市南山区的案例分析［J］. 学习与探索，236（3）：63－68.

孙浩，龚承，2016. 社会组织承接公共服务效能的评价及提升研究［J］. 湖北大学学报（哲学社会科学版），43（5）：133－140.

孙粤文，2016. 大数据：风险社会公共安全治理的新思维和新技术［J］. 求实（12）：69－77.

唐杰，吉俊民，2001. 全面实施素质评优，引导学生进行素质教育［J］. 清华大学学报（哲学社会科学版）（S1）：6－10.

唐林兵，谭清美，吴杰，2013. 基于熵权和超效率DEA模型的装备立项评估排序［J］. 计算机应用研究，30（12）：3660－3663.

陶学荣，熊节春，2008. 现代公共行政的伦理意蕴——基于“新公共服务”范式的分析［J］. 中国行政管理（11）：114－117.

滕尼斯，1999. 共同体与社会［M］. 田凯，译. 北京：商务印书馆.

滕尼斯，2021. 共同体与社会［M］. 林荣远，译. 北京：北京大学出版社.

佟林杰，2017. 河北省基本公共服务质量测度研究［J］. 数学的实践与认识，47（19）：303－309.

托克维尔，2014. 论美国的民主（上卷）［M］. 董果良，译. 北京：商务印书馆.

汪梦，2007. 全面质量管理的核心概念与政府服务质量提升［J］. 西南民族大学学报（人文社科版）（5）：204－206.

王家和，2018. 县级政府基本公共服务质量管理体系研究 [M]. 北京：科学出版社.
王名，2010. 社会组织概论 [M]. 北京：中国社会出版社.
王名，2013. 社会组织论纲 [M]. 北京：社会科学文献出版社.
王名，张雪，2019. 双向嵌入：社会组织参与社区治理自主性的一个分析框架 [J]. 南通大学学报（社会科学版），35（2）：49—57.
王全兴，王凤岩，2014. 我国自贸区社会组织建设的制度创新初探 [J]. 上海财经大学学报，16（3）：4—11，37，113.
王先胜，2005. 城市社区服务综论 [M]. 北京：中国社会出版社.
王燕，罗秀秀，2013. 公共蓄车场服务质量测评——以上海浦东机场出租车蓄车场为例 [J]. 经济管理，35（8）：171—180.
温家宝，2004. 提高认识 统一思想 牢固树立和认真落实科学发展观——在省部级主要领导干部“树立和落实科学发展观”专题研究班结业式上的讲话（摘要）[J]. 决策探索（4）：4—6.
吴素雄，陈字，吴艳，2015. 社区社会组织提供公共服务的治理逻辑与结构 [J]. 中国行政管理（2）：49—53.
吴素雄，郑卫荣，杨华，2012. 社区社会组织的培育主体选择：基于公共服务供给二次分工中居委会的局限性视角 [J]. 管理世界（6）：173—174.
习近平，2014. 习近平谈治国理政（第一卷）[M]. 北京：外文出版社.
习近平，2017. 习近平谈治国理政（第二卷）[M]. 北京：外文出版社.
习近平，2020. 习近平谈治国理政（第三卷）[M]. 北京：外文出版社.
夏建中，克拉克，2011. 社区社会组织发展模式研究　中国与全球经验分析 [M]. 北京：中国社会出版社.
夏建中，张菊枝，2014. 我国社会组织的现状与未来发展方向 [J]. 湖南师范大学社会科学学报，43（1）：25—31.
夏书章，2003. 公共服务 [J]. 中国行政管理（3）：61.
谢星全，2018a. 基本公共服务质量：多维建构与分层评价 [J]. 上海行政学院学报，19（4）：14—26.
谢星全，2018b. 基本公共服务质量测评研究——以基本医疗卫生服务为例

[J]. 宏观质量研究，6 (1)：44—54.
谢星全，刘恋，2017. 基本公共服务质量：分层概念与评估框架 [J]. 重庆大学学报（社会科学版），23 (4)：122—130.
谢星全，朱筱屿，2018. 基本公共服务质量测评研究——以基本住房保障服务为例 [J]. 软科学，32 (3)：29—32，42.
徐金燕，2013. 社区公共服务的“合作治理”：现实抑或乌托邦？——基于对长沙市的实证分析 [J]. 天津行政学院学报，15 (5)：94—99.
徐金燕，蒋利平，2013. 社区公共服务的多元合作供给：机制与绩效 [J]. 学海 (4)：107—114.
徐宇珊，2014. 社会组织如何提供社区公共服务——以深圳为例 [J]. 开放导报 (5)：38—43.
徐正，毛佩瑾，赵小平，2015. 居民参与社区社会组织的影响因素 [J]. 城市问题 (7)：85—89.
许鹿，钟清泉，2015. 协同还是控制：社会组织参与公共服务质量改进机制研究 [J]. 贵州社会科学 (2)：50—56.
许亚敏，2020. 社区社会组织发展及参与社区治理的路径研究 [J]. 领导科学 (12)：10—13.
颜克高，高淼，2019. 利益冲突与技术限制：地方社会组织跨部门合作监管失灵的解释 [J]. 中国行政管理 (7)：107—114.
杨莉，张雪磊，2019. 长三角地区环境基本公共服务绩效评价及影响因素研究 [J]. 现代经济探讨 (11)：21—29，49.
杨林岩，詹联科，2006. 全面质量管理理论在我国公共部门的运用分析 [J]. 科学学与科学技术管理 (6)：120—125.
杨团，2001. 推进社区公共服务的经验研究——导入新制度因素的两种方式 [J]. 管理世界 (4)：24—35.
杨团，2002. 社区公共服务论析 [M]. 北京：华夏出版社.
杨幽红，宋明顺，2019. 全面创新质量管理——一个整合性概念 [J]. 科技管理研究，39 (10)：243—247.
姚林香，欧阳建勇，2018. 我国农村公共文化服务财政政策绩效的实证分析——基于DEA-Tobit理论模型［J］. 财政研究（4）：86—97.

尹广文，2016. 官民二重性：社区社会组织参与社区治理的困境分析［J］. 宁夏社会科学（1）：107—111.

尹利民，2018. 社会治理精细化：是什么？何以实现？［J］. 国家治理（13）：2—12.

营立成，2016. 社区社会组织合法性危机的生成机制——基于新制度主义视角的分析［J］. 城市问题（12）：71—77.

尤建新，张建同，杜学美，2003. 质量管理学［M］. 北京：科学出版社.

游玎怡，李芝兰，王海燕，2020. 政府转移职能和购买服务提升了社会组织的服务质量吗？——以中国科技社团为例［J］. 中国行政管理（7）：104—113.

于冠一，陈卫东，王倩，2016. 电子政务演化模式与智慧政务结构分析［J］. 中国行政管理（2）：22—26.

于洋航，2019. 城市社区公共服务满意度对居民幸福感的影响机制研究［D］. 武汉：华中科技大学.

俞钟行，2003. 休哈特和田口关于质量的定义［J］. 质量译丛（3）：25—27.

郁建兴，金蕾，2012. 社区社会组织在社会管理中的协同作用——以杭州市为例［J］. 经济社会体制比较（4）：157—168.

袁建军，2014. 新型城镇化进程中社区社会组织发展的三重困境［J］. 天津社会科学（5）：55—60.

袁新锋，张瑞林，王飞，2020. 基于IPA的公共体育服务质量测评模式设计与实证检验［J］. 成都体育学院学报，46（1）：60—66.

原珂，沈亚平，陈丽君，2017. 城市社区基本公共服务质量测评指标体系建构［J］. 学习论坛，33（6）：45—50.

曾维和，元瑾，2015. 发达国家社会组织承接政府公共服务职能探讨［J］. 华中科技大学学报（社会科学版），29（5）：54—61.

张邦辉，吴健，李恬漩，2019. 再组织化与社区治理能力现代化——以成都新鸿社区的实践为例［J］. 中国行政管理（12）：65—70.

张钢，牛志江，贺珊，2008. 地方政府公共服务质量测评体系及其应用［J］.

浙江大学学报（人文社会科学版）(6)：31－40.

张海，范斌，2013. 政府购买社会组织公共服务方式的影响因素与优化路径［J］. 探索（5）：150－155.

张金成，吕维霞，2008. 论“顾客导向”的政府服务质量测评［J］. 南开学报（哲学社会科学版），202（2）：125－133.

张金刚，刘志辉，2016. 公共服务绩效评价制度的再评价［J］. 天津师范大学学报（社会科学版）(6)：69－73.

张康之，2004. 公共行政中的哲学与伦理［M］. 北京：中国人民大学出版社.

张启春，范晓琳，2017. 我国基本公共文化服务绩效的评价与实证［J］. 统计与决策（17）：72－75.

张启春，梅莹，2020. 基本公共服务质量监测：理论逻辑、体系构建与实现机制［J］. 江海学刊（4）：242－247.

张清，2020. 基层自治制度的理论阐述与路径选择［J］. 法律科学（西北政法大学学报），38（2）：45－53.

张庆东，2001. 公共问题：公共管理研究的逻辑起点［J］. 南京社会科学（11）：42－46.

张锐昕，董丽，2014. 公共服务质量：特质属性和评估策略［J］. 北京行政学院学报（6）：8－14.

张廷君，2019. IPA 模型在城市公共服务质量感知测评中的应用［J］. 城市管理与科技，21（1）：34－37.

张新成，高楠，何旭明，等，2020. 乡村旅游公共服务质量测评及提升模式研究［J］. 干旱区资源与环境，34（10）：179－186.

张颖，刘梦晓，胡蕊，等，2021. 全面质量管理与创新的中介变量研究——基于组织文化智力视角［J］. 管理评论，33（8）：116－127.

张月义，李理想，顾玉萍，等，2016. 基于田口扰动模糊法的公共服务质量测评［J］. 统计与决策（2）：46－48.

张云熙，2015. 社区社会组织研究综述［J］. 社科纵横，30（4）：95－98.

张振波，2015. 论协同治理的生成逻辑与建构路径［J］. 中国行政管理（1）：58－61，110.

张自强，李锦宏，2016. 农民对不同林权改革方式的满意度存在差异吗？——广东农户对“均股均利制”和“均山制”林改政策的评价及比较 [J]. 西部论坛，26（1）：1−9.
赵军，张志勤，陈志卫，2010. 城乡社区社会组织实用工作手册 [M]. 北京：中国社会出版社.
赵林，张宇硕，焦新颖，等，2016. 河南省基本公共服务质量空间格局与空间效应研究 [J]. 地理科学，36（10）：1495−1504.
赵罗英，夏建中，2014. 社会资本与社区社会组织培育——以北京市D区为例 [J]. 学习与实践（3）：101−107.
赵陕雄，陈楚，2019. 消费与企业全面质量管理活动的关系研究 [J]. 山西财经大学学报，41（S2）：35−41.
赵岩，2020. 以机制促发展：社区社会组织治理及其能力建设研究 [M]. 长春：吉林大学出版社.
赵晏，邢占军，李广，2011. 政府公共服务质量的评价指标测度 [J]. 重庆社会科学（10）：113−120.
郑恒峰，2014. 地方政府向社会组织购买公共服务的动力机制与实现路径 [J]. 中共福建省委党校学报（9）：17−22.
郑旗，张鹏，2015. 县域公共体育设施服务质量测评与改进：基于IPA分析与实证 [J]. 上海体育学院学报，39（6）：11−15，27.
郑巧，肖文涛，2008. 协同治理：服务型政府的治道逻辑 [J]. 中国行政管理（7）：48−53.
郑永年，2021. 大变局中的机遇——全球新挑战与中国的未来 [M]. 北京：中信出版集团.
中共中央马克思恩格斯列宁斯大林著作编译局，1995. 马克思恩格斯选集：第一卷 [M]. 北京：人民出版社.
中共中央宣传部、中央国家安全委员会办公室，2023. 习近平新时代中国特色社会主义思想学习纲要2023年版 [M]. 北京：学习出版社.
中华人民共和国民政部，2000. 民政部关于在全国推进城市社区建设的意见 [R]. 中办发〔2000〕23号.

中华人民共和国民政部，2017. 关于大力培育发展社区社会组织的意见［R］. 民发〔2017〕191号.

周爱萍，2014. 社区社会组织在创新社会管理中的作用——广东南海经验的表达［J］. 云南行政学院学报，16（3）：96—99.

周义程，2008. 公共产品纯政府型供给模式：必要性解析［J］. 理论与现代化（6）：49—54.

周志忍，2000. 行政效率研究的三个发展趋势［J］. 中国行政管理（1）：37—40.

朱光磊，2017. 全面深化改革进程中的中国新治理观［J］. 中国社会科学（4）：27—39.

朱国玮，刘晓川，2010. 公共部门服务质量评价研究［J］. 中国行政管理（4）：24—26.

朱兰，1987. 质量控制手册［M］. 焦叔斌，苏强，杨坤，译. 上海：上海科学技术文献出版社.

朱丽荣，2019. 社区社会组织的发展与完善［J］. 人民论坛（22）：74—75.

朱楠，任保平，2019. 中国公共服务质量测评及空间格局差异研究［J］. 统计与信息论坛，34（7）：100—107.

ALAMON L M，1981. Rethinking public management：Third-party government and the changing forms of government action［J］. Public Policy，29（3）：255—275.

BENNETT R，BARKENSJO A，2005. Relationship quality，relationship marketing，and client perceptions of the levels of service quality of charitable organisations［J］. International Journal of Service Industry Management，16（1）：81—106.

BERRY L L，PARASURAMAN A，ZEITHAML V A，1988. The service-quality puzzle［J］. Business Horizons，31（5）：35—43.

BRADY M K，CRONIN J J，2001. Some new thoughts on conceptualizing perceived service quality：A hierarchical approach［J］. Journal of Marketing，65：34—49.

BRINKERHOFF J M, 2003. Donor-funded government—NGO partnership for public service improvement: Cases from India and Pakistan [J]. Voluntas: International Journal of Voluntary and Nonprofit Organizations, 14 (1): 105—122.

CACERES R C, PAPAROIDAMIS N G, 2007. Service quality, relationship satisfaction, trust, commitment and business-to-business loyalty [J]. European Journal of Marketing, 41: 836—867.

CRONIN JR J J, TAYLOR S A, 1994. SERVPERF versus SERVQUAL: Reconciling performance-based and perceptions-minus-expectations measurement of service quality [J]. Journal of Marketing, 58 (1): 125—131.

DEVECI M, Öner C, CANITEZ F, et al, 2019. Evaluation of service quality in public bus transportation using interval-valued intuitionistic fuzzy QFD methodology [J]. Research in Transportation Business and Management, 33: 100—387.

EMERSON K, NABATCHI T, 2015. Collaborative Governance Regimes [M]. Washington, DC: Georgetown University Press.

FOLZ D H, 2004. Service quality and bench marking the performance of municipal services [J]. Public Administration Review, 64 (2): 209—220.

GARVIN D A, 1984. What does "product quality" really mean? [J]. MIT Sloan Management Review, 26 (1): 25—43.

GRONROOS C, 1984. A service quality model and its marketing implications [J]. European Journal of Marketing, 18 (4): 36—44.

GRONROOS C, 2002. Service Management and Marketing: A Customer Relationship Management Approach [M]. 2nd ed. Chantilly, VA: John Wiley&Sons Inc.

GUMMESSON E, 1993. Quality Management in Service Organization [M]. New York: International Service Quality Association.

HESKETT J L, JONES T O, LOVEMAN G W, et al, 1994. Putting the service profit chain to work [J]. Harvard Business Review, 72 (2): 164—

170.

HSIAO C T, LIN J S, 2008. A study of service quality in public sector [J]. International Journal of Electronic Business Management, 6 (1): 29−37.

KEMP R L, 1991. Privatization: The Provision of Public Services by the Private Sector [M]. Jefferson: McFarland & Company, Inc Publishers.

LUPO T, 2016. A fuzzy framework to evaluate service quality in the healthcare industry: An empirical case of public hospital service evaluation in Sicily [J]. Applied Soft Computing, 40: 468−478.

MC SWITE O C, 1997. Legitimacy in Public Administration [M]. Thousand Oaks, CA: Sage.

PARASURAMAN A, ZEITHAML V A, BERRY L L, 1985. A conceptual model of service quality and its implications for future research [J]. Journal of Marketing, 49 (4): 41−50.

POWELL T C, 1995. Total quality management as competitive advantage: A review and empirical study [J]. Strategic Management Journal, 16: 15−27.

RAMSEOOK-MUNHURRUN P, LUKEA-BHIWAJEE S D, NAIDOO P, 2010. Service quality in the public service [J]. International Journal of Management and Marketing Research, 3 (1): 37.

RHEE S K, RHA J Y, 2009. Public service quality and customer satisfaction: Exploring the attributes of service quality in the public sector [J]. Service Industries Journal, 29 (11): 1491−1512.

ROWLEY J, 1998. Quality measurement in the public sector: Some perspectives from the service quality literature [J]. Total Quality Management, 9 (2−3): 321−333.

SANTOS J, 2003. E-service quality: A model of virtual service quality dimensions [J]. Managing Service Quality, 13 (3): 233−246.

SARAPH J V, BENSON P G, SCHROEDER R G, 1989. An instrument for measuring the critical factors of quality management [J]. Decision Sciences, 20 (4): 810−829.

THOMSON A M, PERRY J L, 2006. Collaboration process: Inside the black box [J]. Public Administration Review, 66 (s1): 20—32.

ZEITHAML V A, BITNER M J, GREMLER D D, 2006. Service Marketing: Integrating Customer Focus across the Firm [M]. 4th ed. New York: McGraw-Hill.

附　录

附录 1　社区社会组织公共服务供给质量测评重要程度比较评分表

设计维度						
A	B	同样重要（1）	稍微重要（3）	比较重要（5）	十分重要（7）	绝对重要（9）
设计质量	关系质量					
设计质量	过程质量					
设计质量	结果质量					
关系质量	过程质量					
关系质量	结果质量					
过程质量	结果质量					
设计质量						
A	B	同样重要（1）	稍微重要（3）	比较重要（5）	十分重要（7）	绝对重要（9）
服务设计的本土性	合同清晰性					
服务设计的本土性	组织提供服务的资源支持					
服务设计的本土性	服务执行过程的公共性					
合同清晰性	组织提供服务的资源支持					

续表

A	B	同样重要（1）	稍微重要（3）	比较重要（5）	十分重要（7）	绝对重要（9）
合同清晰性	服务执行过程的公共性					
组织提供服务的资源支持	服务执行过程的公共性					
关系质量						
A	B	同样重要（1）	稍微重要（3）	比较重要（5）	十分重要（7）	绝对重要（9）
信任	承诺					
信任	忠诚					
承诺	忠诚					
过程质量						
A	B	同样重要（1）	稍微重要（3）	比较重要（5）	十分重要（7）	绝对重要（9）
有形性	可靠性					
有形性	承诺性					
有形性	共情性					
可靠性	承诺性					
可靠性	共情性					
承诺性	共情性					
结果质量						
A	B	同样重要（1）	稍微重要（3）	比较重要（5）	十分重要（7）	绝对重要（9）
效度	物质收益					
效度	生活质量					
物质收益	生活质量					

附录2　社区社会组织公共服务供给的质量测评研究调查问卷

社区工作人员调查问卷

受访地________　调查员________　问卷编号________

先生/女士：

您好！

我们是四川大学公共管理学院“社区社会组织公共服务供给质量测评”课题研究项目组，此份问卷针对社区社会组织所提供公共服务的质量展开调查研究，目的在于了解和评估社区社会组织的服务质量，促使社区社会组织提供更优质全面的公共服务，更好地提高服务质量和居民满意度。本次调查采用不记名的方式，调查数据和内容仅用于本研究分析，不涉及商业用途，希望您真实反映实际情况。

感谢您的支持与配合！

四川大学公共管理学院项目组

2021年9月

A1 您的性别：1. 男□　2. 女□

A2 您的出生年份：________

A3 文化程度：1. 初中及以下□　2. 高中或中专□　3. 本科或大专□　4. 研究生及以上□

A4 您所在的社区为：________市________区________街道________社区。

A5 工作层级：1. 操作层（执行层）□　2. 管理层□　3. 决策层□

A6 您的岗位是：________

A7 贵单位存在的社会组织的数量是多少？

1. 无□　2. 1～2个□　3. 3～4个□　4. 5个及以上□

A8 您所在的社区常住人口大约为：________。

B. 请根据您所在社区的社会组织公共服务情况，对以下问题做出判断（请勾选）。

	非常不同意	不同意	一般	同意	非常同意
B11. 社区社会组织充分和我讨论提供公共服务的设计。	□	□	□	□	□
B12. 社区社会组织在设计公共服务时充分考虑了每个社区的不同特征。	□	□	□	□	□
B13. 社区社会组织十分清楚他们对所在社区提供服务的责任。	□	□	□	□	□
B21. 与社区社会组织提供公共服务的合同清单按时确认。	□	□	□	□	□
B22. 购买公共服务签订的合同条款总是明确的。	□	□	□	□	□
B31. 本社区的社区社会组织具有足够的能力支持。	□	□	□	□	□
B32. 考评评估结果都是合格以上。	□	□	□	□	□
B33. 社区社会组织从程序上运行规范（如资金使用、存档管理等）。	□	□	□	□	□
B41. 社区社会组织提供公共服务过程中对服务对象是公平的。	□	□	□	□	□
B42. 社区社会组织在提供公共服务过程中有备选方案以应对突发情况。	□	□	□	□	□
B43. 社区社会组织在提供公共服务过程中经常与我联系沟通。	□	□	□	□	□
B44. 社区社会组织提供公共服务的过程与其签订的合同内容是一致的。	□	□	□	□	□
C11. 我相信社区社会组织能满足本社区购买公共服务的需求。	□	□	□	□	□
C12. 我完全信任我所在社区提供公共服务的社区社会组织。	□	□	□	□	□
C13. 我相信社区社会组织不会欺骗社区居民。	□	□	□	□	□
C14. 我相信社区社会组织不存在程序违规行为。	□	□	□	□	□

续表

	非常不同意	不同意	一般	同意	非常同意
C21. 我觉得自己与社区社会组织有联系。	□	□	□	□	□
C22. 我在其他同事和外部合作伙伴面前愿意维护我的社区社会组织。	□	□	□	□	□
C23. 我非常自豪社区内有这样的社区社会组织。	□	□	□	□	□
C31. 我将继续向社区内的社会组织购买公共服务。	□	□	□	□	□
C32. 我肯定会把我的社区社会组织推荐给其他社区。	□	□	□	□	□

社区居民调查问卷

受访地（社区名称）________ 调查员________ 问卷编号________

先生/女士：

您好！

我们是四川大学公共管理学院“社区社会组织公共服务供给质量测评”课题研究项目组，此份问卷针对社区社会组织所提供公共服务的质量展开调查研究，目的在于了解社区居民对社区社会组织提供公共服务的期望和实际感知程度，帮助评估社区社会组织的服务质量，促使社区社会组织提供更优质全面的公共服务，更好地满足社区居民的期望，提高服务质量。本次调查采用不记名的方式，调查数据和内容仅用于本研究分析，不涉及商业用途，希望您真实反映实际情况。

感谢您的支持与配合！

四川大学公共管理学院项目组

2021 年 10 月

A1 您的性别：1. 男□ 2. 女□

A2 您的出生年份________：

A3 您的文化程度：

1. 小学及以下□ 2. 初中及以下□ 3. 高中或中专□

4. 本科或大专□ 5. 硕士及以上□

A4 您的月平均收入在哪个区间？

1. 1000 元以下□ 2. 1000～2999 元□ 3. 3000～5999 元□

4. 6000～9999 元□ 5. 10000 元及以上□

A5 您的职业：

1. 党政机关干部□ 2. 企业、服务业管理人员□

3. 军人□ 4. 科教文卫工作者□

5. 企业工人□ 6. 服务业人员□

7. 个体工商户□ 8. 离退休人员□

9. 无固定职业者□ 10. 其他□

A6 您在这个社区的居住状态是：

1. 租住□　2. 自有住房□　3. 借住□　4. 其他□

A7 您是否常住在这个社区：

1. 是，住了多久________；　2. 否□

B. 请根据您对社区社会组织提供公共服务感知对下列描述的符合程度进行判断（请勾选）。

题项	非常不同意	不同意	一般	同意	非常同意
B11. 我可以很方便地接触到社区社会组织提供的公共服务。	□	□	□	□	□
B12. 社区社会组织工作人员在工作时间穿着制服或正式服装，看上去整洁。	□	□	□	□	□
B13. 社区社会组织使用的服务设施与所提供服务保持一致。例如，提供文娱活动时总有场地和设施的支持。	□	□	□	□	□
B21. 社区社会组织了解需要服务的居民，尤其是在需要立即响应的情况下。	□	□	□	□	□
B22. 社区社会组织有专业合格的人员，他们可以完成工作，并在需要时进一步协助社区居民。	□	□	□	□	□
B23. 社区社会组织总是按时向社区居民提供服务，没有拖延的情况。	□	□	□	□	□
B24. 社区社会组织向居民提供服务时一般都有准确的记录，并对记录做好保存。	□	□	□	□	□
B31. 社区社会组织工作人员始终告知居民提供服务的具体时间。	□	□	□	□	□
B32. 社区居民有需求时，社区社会组织会立即接待这些居民。	□	□	□	□	□
B41. 社区社会组织工作人员对居民都提供了个人关注，以了解居民的需求，并提供对应的服务。	□	□	□	□	□
B42. 我觉得社区社会组织的工作人员对自己是有求必应的，且服务周到。	□	□	□	□	□
B43. 我觉得社区社会组织工作人员是值得信赖的，他们提供的服务能够关注到个人的需求。	□	□	□	□	□

续表

题项	非常不同意	不同意	一般	同意	非常同意
C11．社区社会组织的公共服务是有益的。	□	□	□	□	□
C12．社区社会组织的公共服务提升了社区的整体环境。	□	□	□	□	□
C13．社区社会组织的公共服务减轻了社区居民的生活负担。	□	□	□	□	□
C21．社区社会组织的公共服务提高了居民的生活水平。	□	□	□	□	□
C22．社区社会组织的公共服务增进了居民之间的交往。	□	□	□	□	□
C23．社区社会组织的公共服务增加了居民参与社区公益活动的程度。	□	□	□	□	□
C24．我更加信任自己所在的社区了。	□	□	□	□	□
C31．社区社会组织的公共服务增加了我参与社区活动的机会。	□	□	□	□	□
C32．社区社会组织的公共服务提升了我在社区生活中的幸福感。	□	□	□	□	□
C33．社区社会组织的公共服务提升了我在社区生活中的安全感。	□	□	□	□	□
C34．我认为自己是社区社会组织公共服务的受益者。	□	□	□	□	□